党的儿女

——英烈卷

杨凤城 主编

北京工业大学出版社

图书在版编目（CIP）数据

党的儿女．英烈卷/杨凤城主编．—北京：北京
工业大学出版社，2016.6（2021.5重印）
ISBN 978-7-5639-4687-7

Ⅰ．①党…　Ⅱ．①杨…　Ⅲ．①革命烈士—生平事迹—
中国　Ⅳ．①K820.6

中国版本图书馆 CIP 数据核字（2016）第 100618 号

党的儿女——英烈卷

主　　编：杨凤城
责任编辑：姜　山
插　　图：杨佳慧
封面设计：翼之扬设计
出版发行：北京工业大学出版社
　　　　　（北京市朝阳区平乐园 100 号　邮编：100124）
　　　　　010－67391722（传真）　　bgdcbs@sina.com
出 版 人：郝　勇
经销单位：全国各地新华书店
承印单位：天津海德伟业印务有限公司
开　　本：700 毫米×1000 毫米　1/16
印　　张：20
字　　数：160 千字
版　　次：2016 年 6 月第 1 版
印　　次：2021 年 5 月第 2 次印刷
标准书号：ISBN 978-7-5639-4687-7
定　　价：48.00 元

前　言

每当我们唱响"没有共产党就没有新中国"的歌声，总会想起那些为国家的独立和人民的解放抛头颅、洒热血的革命英烈。他们以忠于党、忠于祖国、忠于人民的高度政治觉悟和大无畏的革命精神，先天下之忧而忧，后天下之乐而乐，提倡公而忘私，吃苦在前，享乐在后。在最艰苦的年代，为了人民的幸福和安宁，他们不畏艰险，与反动派勇敢地做斗争。

在长期的革命斗争实践中，中国共产党涌现出了千千万万位英雄烈士。以李大钊、蔡和森、王若飞、罗炳辉、杨闇公、张太雷、陈延年、夏云杰、刘胡兰等为代表的为新中国成立做出伟大贡献的英烈人物，永远是我们祖国的骄傲。在他们身上，集中体现了我党的优良传统，凝聚着中华民族的传统美德，闪耀着爱国主义、集体主义和革命英雄主义的思想光辉。这些无私奉献的崇高品质，鼓舞人们振奋斗志，激励人们奋发有为，值得广大人民群众去学习。

在党的领导下，在革命先烈的奋力拼搏下，经过28年的浴血奋战，中国人民终于成功推翻了长期压在身上的"三座大山"——帝国主义、封建主义、官僚资本主义，并迎来了新中国的成立。可以说，没有这些革命英烈牺牲小我，以命相搏，我们就不可能享受如今的太平盛世。

　　本书集中讲述了英烈的革命事迹。这些革命先烈，用他们的鲜血和生命，谱写了一曲曲壮丽的人生凯歌。今天，让我们怀着感恩的心情去重温那些革命英烈的英勇事迹和崇高精神。在这个过程中，我们可以提高自己的思想觉悟，进一步坚定自己的理想与信念，弘扬爱国主义精神，为实现伟大的中国梦奉献出自己的一份力量。

目 录

何叔衡

何叔衡——为苏维埃流尽最后一滴血

☞ 英烈小传：

何叔衡（1876—1935 年），中国共产党创始人之一，湖南宁乡人。长沙共产主义小组成员，1921 年出席中共一大。1931 年秋赴中央苏区，历任中华苏维埃共和国中央执行委员、内务部代理部长和中央政府临时法庭主席等职。1935 年 2 月，途经福建上杭县被敌人追捕，英勇牺牲。

1935 年春季，由于敌军从四面进行围攻，中央苏区的形势变得十分险恶。在这紧急关头，上级指示中央分局开始做分散突围的准备工作，由邓子恢、何叔衡、瞿秋白等近十人组成一支便衣队，抄小道去闽西（区位名称，今指福建最西边），之后再绕道上海。

2 月 11 日早上，天刚微微亮，他们一行人便从雩都县黄龙区井塘村启程，几天之后顺利到达瑞金县武阳区政府，和原中央妇女部部长周月林会合，随后便继续向东行进，准备越过汀江，到永定县境内与张鼎丞领导的红军游击队会合。长汀到永定路途遥远，而且山路极其难行，除此之外，沿途国民党布满了层层关卡进行封锁，同时还派保安团日夜轮流巡山，进行"清剿"。

为了更方便前进，何叔衡一行人化装成贩卖香菇的客商和随行眷属，中共福建省委选调人员沿途负责护送。白天他们躲在山洞里，到了晚上才敢行动，本来晚上行动是不能用灯火和手电的，但体谅何叔衡年近花甲，体力和眼力都不太好，于是破例给他点了一盏马灯，四周遮上黑布，由两名队员照顾着，跟在队伍后面。经过几天的艰辛行军，他们顺利避开了敌人的层层封锁，到达了长汀濯田镇露潭村附近。

2月26日早上，天已经渐渐亮了起来，这时，一条大河挡住了他们的去路，这条河就是闽西第一大河汀江。他们必须赶在天亮之前越过这条大河，否则就会有被敌人发现的危险。何叔衡看了看大家，然后说："再撑一撑，过了河就好了。"就这样，他们相互搀扶着迅速渡过汀江，赶在天彻底亮之前到达了水口乡附近的小迳村。

一夜的急行让大家疲惫不堪，饥饿难忍，于是几个人赶紧动手做起饭来。没过多久，饭做好了，何叔衡一行人正准备吃，敌军就已经从三面包围过来，和布置在村头的哨兵交火了，他们起身一看，只见数百名敌军沿着山路向村子扑过来。紧要关头，邓子恢赶忙组织大家向村子对面的高山转移，可是，他们还没有爬上山顶，就发现山已被敌人包围了，没有办法，他们只能选择敌人力量薄弱的地方进行突围，双方很快陷入激战之中。眼看突围快陷入僵局，何叔衡不愿拖累战友，于是向邓子恢大喊："我跑不动了，开枪打死我吧！"邓子恢摇摇头，然后让两个警卫员架着他跑，就这样，一路跑到悬崖边，忽然间，何叔衡挣脱了警卫，纵身跳了下去。

战斗结束后，两个国民党保安兵在山后搜索时，发现山崖下躺着的已经头破血流的何叔衡，于是走过去对他进行搜身。没想到这时，何叔衡突然苏醒，并抱住他们的腿欲搏斗，结果被连击两枪，当场牺牲。就这样，何叔衡以自己的实际行动证明了对党的忠诚，实现了他曾经许下的"为苏维埃流尽最后一滴血"的誓言。

人物心语

绝对不能为一身一家谋升官发财以愚懦子孙。

——何叔衡

王荷波

王荷波——浦镇工人运动，
支援南京人民的斗争

☞ **英烈小传：**

王荷波（1882—1927 年），福建福州人，中国工人运动的先驱，是中国共产党早期领导人之一。早年当过水手、工匠。1922 年 6 月加入中国共产党，组织领导多次工人罢工。1927 年 10 月 18 日，由于叛徒出卖，王荷波在北京被军阀张作霖逮捕。11 月 11 日深夜，王荷波被杀于北京安定门外箭楼西边。

1919 年 5 月 4 日，五四爱国运动爆发，南京人民为了声援北京学生的爱国运动，都开始罢市罢工。这时，王荷波也开始积极行动起来，他组织浦镇厂的工人，在浦镇游行示威，支援南京人民的斗争。从那之后，王荷波便开始全力投入工人运动之中。

浦镇机车厂的工头和洋人狼狈为奸，对待中国工人十分苛刻，不仅压榨他们的工钱，还总是非打即骂，这让工人心里积攒了很多不满与恨意。1920 年 5 月，英籍总监工布拉克命令工人拆除厕所，说是为了让工人积极工作，以后不准工人上班时间大小便，这一举动更是让工人愤恨不已。王荷波早就看不惯这些洋人的恶劣做法，于是团结工人和厂方进行说理斗争，并带领全厂工人举行罢工，取得了胜利。

通过这次斗争，王荷波认识到只有大家团结在一起，才能有力量去反抗资本家和工头的压迫。次年年关将近的时候，厂里工头张裕把工人的年终双薪私自扣下，想要留为己用。王荷波立刻抓住机会，号召工人勇敢团结起来，大胆和工头进行斗争。工人通过几次斗争，也意识到了团结的力量，所以纷纷响应。就这样，浦镇机车厂的工会在工人的欢呼声中诞生了，王荷波当选为工会会长。

工会成立之后，主要工作就是维护好工人的利益，关照工人生活。工会成了维护工人权益的坚强后盾。后来，随着军阀长期混战，物价飞涨，工人已经无法维持基本生活。这时，王荷波就和工会代表一起向路局提出增加工资，但遭到路局无理拒绝，无奈之下他只能一人前往北京，到北洋政府的交通部讲理。到达北京后，王荷波和交通总长及其他官僚据理力争，迫使北洋政府答应了工人的合理要求。最终，斗争取得胜利，这让工会在群众中的威信大增。

1921年年底，中国劳动组合书记部北方分部派罗章龙到浦镇开展工作，没想到却被军阀抓获。王荷波听到这个消息之后，立刻组织工友将罗章龙营救出来。从此，他和中共北京党组织取得了联系。次年春天，浦镇机车厂工会加入了中国劳动组合书记部北方分部。夏天，王荷波加入了中国共产党。不久，由王荷波等领导的浦口党小组正式成立。为了更有利于铁路工人的对敌斗争，他又组建了浦口铁路工会，并吸收搬运工人集体加入了铁路工会。

从此，他无时无刻不为工会大小事务而操劳。后来，随着斗争的进一步发展，他成了津浦铁路总工会筹备组的负责人，为了组建徐州、济南、天津等站的铁路工会，他不顾自身安危，南北奔波，最终将这些工会联合起来，让这些地区工会的工作得到很大的发展。

人物心语

不久的将来，我们的国家也要像苏联那样，让大家都过上好日子！

——王荷波

邓培

邓培——唐山工人运动先驱

☞ **英烈小传：**

邓培（1883—1927年），广东三水人，1921年加入中国共产党。1922年赴苏联出席远东各国共产党及民族革命团体第一次代表大会，回国后领导唐山各厂矿工人斗争。1924年当选为全国铁路总工会委员长。1925年当选为中华全国总工会执行委员，后任广东省总工会主席。1927年在广州"四一五"反革命政变中被国民党政府杀害。

北京爆发五四运动之后，李大钊开始在各地宣传马克思主义，有一次他亲自来唐山进行调查，和邓培等人谈话。这让一直向往革命的邓培备受鼓舞。后来，北京大学马克思主义学说研究会听说邓培"为人正派，在工人中很有威信，是事实上的领袖"时，便赶紧与他取得联系，从那时开始，研究会在唐山的联系点就在邓培家中建立起来，成为唐山工人运动的发源地。

中国共产党正式成立后，得到消息的邓培十分兴奋，便立即向北京党组织提出了加入中国共产党的申请。邓培对革命事业的极大热情和忠诚，以及在政治上的成熟得到了认可。没过多久，中共北京区委的批准下来了，邓培由青年团员转为共产党员，成为唐山乃至河北省第一个共产党员。

过了不久，传来了"列宁领导的共产国际，为了对抗帝国主义对东方被压迫民族的侵略，组织了国际统一战线，决定召开远东各国共产党及民族革命团体第一次代表大会，邀请中国共产党和民族革命团体派代表参加"的消息，邓培作为中国产业工人代表在大会上作报告，受到大会代表关注。让邓培印象最深的就是，他和其他同志在克里姆林宫接受革命导师列宁的接见，并与之亲切交谈。谈话结束后，列宁紧握邓培的手说："铁路工人运动是很重要的。在俄国革命中，铁路工人起过重大的作用；在未来的中国革命中，他们也一定会起同样或者更大的作用。"列宁的接见让邓培受到极大的鼓舞，同时也让他更加了解工人运动。

回到唐山后，邓培开始积极行动起来，他首先建立了中共唐山地方组织，之后大力发展壮大青年团和工会组织。1922年，受到香港海员罢工的影响，全国各地都开始涌起罢工潮。这时，邓培意识到唐山工人也应该酝酿一场革命。于是，他立即行动起来，发起组织唐山劳动立法大同盟，并派出代表分赴开滦矿务局、启新洋灰公司和华新纺织厂进行联络，在各厂矿散发传单，张贴大字报，并组织各种群众大会，来为工人革命进行宣传。

9月13日，邓培代表全厂工人向厂方和京奉铁路局提出改善生活待遇的要求，限三日内答复。第二天，唐山制造厂副厂长孙鸿哲面对众多工人，扬言要求增加工钱完全不可能。为了讨一个合理的说法，邓培在当日下午6时，在工厂门前召集三千余工人抗议，如果不能满足他们提出的合理要求，便以罢工对待。为了解决工友罢工问题，孙鸿哲甚至妄图收买邓培，不过，邓培当即就鄙视地拒绝了。由此，双方开始陷入僵持。八天之后，孙鸿哲终于低头，罢工取得了胜利，工人取得加薪等一系列成果。

这次罢工的胜利，获得了毛泽东的称赞。邓培也在其中坚定了革命志向，锻炼了组织才能。之后，他又发动了唐山启新洋灰厂七千余工人大罢工和开滦五矿三万余工人总同盟大罢工，掀起唐山工人运动的高潮，把全国的罢工高潮推向顶峰。

人 物 心 语

千钧一发，勿忘国耻，睡狮苏醒，力争国权！

——邓培

苏兆征

苏兆征——海员大罢工，为工人谋福利

☞ **英烈小传：**

苏兆征（1885—1929 年），广东香山人，原名苏吉，中国工人运动的先驱和著名领袖，中国共产党早期重要领导人。1908 年加入孙中山先生领导的同盟会，积极参加推翻清政府的革命活动。1925 年春加入中国共产党。参与领导震惊中外的香港海员大罢工和省港大罢工。1927 年被推举为广州苏维埃政府主席。1929 年 2 月在上海病逝。

1921 年 3 月，在苏兆征的积极筹建下，香港成立了中华海员工业联合总会，这是中国海员工人第一个真正的工会组织。从此海员工人在自己组织的领导下开展了更为坚决的斗争。为了改善海员工人的工作和生活条件，苏兆征同工友们商议后，向资本家提出三项要求：增加工资；工会有权介绍海员就业；签定雇工合同时，工会有派代表权。但是，资本家拒不答复这些事关海员工人切身利益的迫切要求。为了实现这些合理要求，苏兆征几次三番和资本家商谈，但都被拒绝。忍无可忍之下，苏兆征只得带领海员工人罢工，决心用这种方式来实现上述要求。

大罢工开始以后，香港的一艘艘轮船被迫停驶，工商业立刻受到影响。英国当局对中国海员工人的罢工又惊又怕，为了减少损失，妄图采用高压手段尽快平息工人的罢工怒潮。当天晚上，香港当局让华民政务司夏理德到海员工会找工人进行商谈，言语里对工人充满蔑视，想用威胁的方式将工人们说服，结果失败。一星期以后，参加罢工的海员工人增加到 6000 人。工人们同资本家斗智斗勇，采取了经济封锁等措施，香港的航运渐渐陷入停顿状态，粮食和日常物资供应越来越困难。随着罢工斗争的深入，罢工工人还在不断增加。

一天，一个中国绅商代表团受香港当局委托，要求"调停"罢工。苏兆征同大家商量后，决定同另外三名代表一起到香港同他们进行谈判。谈判中，海员工人代表提出了恢复海员总工会的条件，绅商代表似乎早有准备，说："恢复工会可以，但是工会名称要改，会址要迁，办事人员要重新选举。"

"不可能！"工人代表说，"我们工会名称绝不会改，工会招牌也不可能换。"绅商代表迟疑片刻说："你们知道吗？因为罢工，现在香港的粮食都快用尽了，难道你想眼睁睁看着香港几十万同胞活活饿死吗？"

苏兆征听后，十分严肃地说："你说的我们都知道。但是你们是否知道，我们海员工人早就要饿死了。这次罢工，工人和家属们一起受冷受饿，你们为什么丝毫没有同情感呢？坦率地告诉你们，我们海员早就下定决心，如果不恢复工会的原状，决不会回香港复工。'中华海员工业联合总会'的名称一个字也不能改。不然就不用再谈了。"

在苏兆征等人的机智斗争下，香港当局和资方代表的阴谋一个接一个地破产了。2月底，香港工人举行总同盟罢工。一时间，罢工人数增加到十万人。香港一百多艘轮船被迫停驶，工商业和贸易完全停止，日常生活用品和食品来源几乎断绝，物价骤涨，香港变成了"死港"。最终，在苏兆征等人的领导下，轰轰烈烈的香港海员大罢工坚持了56天，英国当局不得不同意给工人增加工资15%～30%，答应了海员工会的要求。

人物心语

大家努力，达到革命的胜利。

——苏兆征

李大钊

李大钊——传播马克思主义，创建中国共产党

☞ **英烈小传：**

李大钊（1889—1927 年），河北乐亭人，字守常。中国最早的马克思主义和共产主义者，中国共产党的主要创始人。1920 年春，和陈独秀开始酝酿筹建中国共产党。同年 10 月，在北京创建共产主义小组，11 月小组改称中国共产党北京支部，李大钊任书记。1927 年 4 月 6 日，奉系军阀张作霖派军警搜查苏联大使馆，李大钊等六十余人被捕。28 日，李大钊在北京英勇就义。

俄国十月革命还没有爆发之前，从日本留学回国的李大钊根本就想不明白中国到底该向何处去，为此，他一度苦闷到极点。后来，随着十月革命的爆发和胜利，他终于看到世界革命和中国革命的新的曙光，他终于确定了中国未来的发展方向，知道自己究竟该做些什么了。

1918 年夏天，天气异常炎热，于是李大钊便回到了家乡附近的昌黎五峰山避暑，在那里，没有外界的干扰，他的心终于静下来，之后便开始潜心研究俄国十月革命的经验，寻找中国革命屡受挫折的根本原因。在经过一番思考之后，他终于明晰了中国革命新的道路，随后，他决定要在中国宣传马克思主义，准备开中国 "Bolshevism"（布尔什维主义）之先河。

次年 5 月，"五四"爆发，随后，李大钊又回到了昌黎五峰山，这一次，他对中国国情进行了分析，并先后写出与胡适论战的公开信《再论问题与主义》，介绍马克思学说的长篇论著《我的马克思主义观》，提出"根本解决"的思想，为中国共产党的建立奠定了深厚的思想和理论基础。

随后，他写了很多有关十月革命和马克思列宁主义的著名文章，并将

它们发表在了《新青年》、《每周评论》等报刊上，如：《法俄革命之比较观》、《庶民的胜利》、《布尔什维主义的胜利》等。这些文章深刻阐述了十月革命的意义，并讴歌了它的胜利，除此之外，更旗帜鲜明地批判了改良主义。这些文章发表之后，马上就在国内引起了很大的反响，有很多革命青年在看过这些文章之后，开始接受马克思主义，并成为积极的宣传者和实践者，就连陈独秀的思想也是因他这一卓越工作开始转移到马克思主义的轨道上来的。

1920年的春季，李大钊感觉时机已经成熟，于是他便主动联系了陈独秀，两个人进行一番商议之后，决定在北京和上海分别活动，共同为筹建中国共产党而一起努力奋斗。同年3月，在北京大学里，李大钊组织了中国第一个马克思学说研究会。这场会议聚集了邓中夏、高君宇、黄日葵、何孟雄、罗章龙等一批具有共产主义思想的青年知识分子，他们共同为建党做准备。除此之外，李大钊还在北京多次会见共产国际代表，和他们商讨如何筹建中国共产党。

到了秋天，他又领导建立了北京的共产党早期组织和北京社会主义青年团，并与在上海的陈独秀遥相呼应，积极活动，扩大宣传，发展组织，积极推动建立全国范围的共产党组织。"南陈北李，相约建党"，成为中国革命史上的一段佳话。在他的不断努力下，次年7月，中国共产党第一次全国代表大会召开，会上积极探讨了马克思主义的积极作用，并分析中国现状，认为只有朝着社会主义方向进发，才能让中国人民彻底解放，经过商讨，最终宣告中国共产党成立，从此中国革命开始有了准确的方向。李大钊作为中国共产党主要创始人，实在是功不可没。

人物心语

人生最有趣味的事情，就是送旧迎新，因为人类最高的欲求，是在时时创造新生活。

——李大钊

萧楚女

萧楚女——用文字传播革命思想

☞ **英烈小传：**

萧楚女（1891—1927年），原名树烈，又名萧秋，湖北汉阳人，中国共产党早期政治活动家、报刊主编。1922年夏，加入中国共产党。曾与恽代英一起主编《中国青年》，在广州协助毛泽东编辑《政治周报》，曾任广州农民运动讲习所专职教员、黄埔军校政治教官。1927年4月22日在南京石头城监狱被杀害。

1925年，根据上级的指示，萧楚女独自一人前往上海进行革命工作。他带领群众进行反帝游行，与此同时，还发表了许多揭露帝国主义和买办资产阶级罪行的文章。进入夏季之后，萧楚女来到南京，以全国学联代表身份开始指导当地青年运动，并担任《人权日报》主笔，通过多种方式发动群众组织"反帝大同盟"、"南京国民外交后援会"等团体，号召各团体联合起来，组织"一条国民革命的坚固的联合战线"，在他的积极努力下，南京的革命运动轰轰烈烈开展起来。随后，萧楚女在上级指派下前往河南，到河南之后，他和中共豫陕区委书记王若飞等一起工作，帮助各界青年组织了"河南青年协社"等进步团体。后因反动军阀李纪才对他进行通缉，才返回上海。

1926年年初，受上级指派，萧楚女奔赴广州，任国民党中央宣传部干事兼阅览室主任，协助代理部长毛泽东编辑《政治周报》。随后又担任全国农民运动委员会委员、第六届农民运动讲习所专任教员等职位。在毛泽东的建议下，萧楚女开始制订一系列的教学计划。他负责讲授"社会问题与社会主义"、"帝国主义"和"中国民族运动史"等课，指导学生组织农民问题研究会和课外阅读。课上，他认真讲解每一个知识点，解答每一位学生提出的问题。课后，他仔细批改作业。即便是生病住院的时候，他仍惦念着学生们的学习情况，坚持给学生批改作业，并进行知识解答。他十分重视对学生进行革命品德的教育，以宁愿毁灭自己来照亮别人的"蜡烛人生观"，启发学生为人民利益不惜自我牺牲。在他病好之后，亲自带领学生赴海丰实习，让学生在实践之中获得更多的知识，增强从事农民运动的决心。

在一系列的课程结束之后，萧楚女又动身到黄埔军校任政治教官，并兼任黄埔军校国民党特别党部宣传委员会的政治顾问，参加指导全校的政治工作，被称为杰出政治教官。在这期间，他仍没有停止自己的文字工作，他夜以继日地不断撰文，并发表在《黄埔日刊》上，他的文章深受广大师生的喜爱，该刊在宣传三大政策和马克思列宁主义方面，起过重要作用。

次年春天，国民党反动派开始对革命者进行疯狂屠杀，这时，上海、长沙、重庆等地新军阀与地主阶级相互勾结。杀害工农群众的消息不断地传到大江南北。萧楚女在听到这些消息之后，以敏锐的政治警觉，预感到一场阶级生死搏斗的大风暴即将来临。为了帮助广大人民群众清晰了解反动派的罪恶行径，他拖着带病的身体，夜以继日地撰文，发表在各大报刊上，对国民党进行严肃批判。这样的劳作，让他的病情迅速恶化，最后不得不动身前往广州东山医院进行治疗。没过多久，蒋介石指使其党徒在广州发动了反革命政变，萧楚女不幸被捕入狱，4月22日在狱中被害。

人物心语

做人也要像蜡烛一样，在有限的一生中有一分热发一分光，给人以光明，给人以温暖。

——萧楚女

杨殷

杨殷——大摆"砂煲阵"，智勇双全闹罢工

☞ 英烈小传：

杨殷（1892—1929 年），广东中山人，名典乐、覈礼，字孟揆。中国共产党早期重要领导人，工人运动著名领袖。早年加入同盟会，1917年，担任孙中山卫队副官兼大元帅府参军处参谋。1922 年加入中国共产党，并参与领导省港大罢工、广州起义。1929 年，因叛徒出卖，与彭湃等人一同被捕。同年 8 月 30 日，被蒋介石下令枪决。

1923 年，杨殷回国后，受中央委派，去广州石井兵工厂开展工人运动。石井兵工厂是清朝末期创建的，后由国民党广东革命政府接办。厂长马超俊是国民党右派分子，为人极度刻薄，仗着自己有后台，总是欺压工人。几日后，杨殷与沈青等人到了厂子里，为了尽快熟悉情况，他们便各自主动和各个车间的工人一起劳动，广交朋友。

一天上午，老工人庞伯和往常一样，扛着铁条进车间，却没想到不小心将摆放在门旁的物品碰倒了，不巧正被工头何仲连看到了，后者出口就骂："你个老东西，故意损坏厂子机器是不？"说着，三步并作两步就冲过来，举起手中的鞭子向他挥去。

说时迟那时快，杨殷一个闪身也冲上去，伸出手一下子就抓住了鞭子，避免了庞伯一场皮肉之苦。何仲连抬头一看，想到他是孙中山先生派来的人，于是就住了手，但还是站在一旁骂骂咧咧。庞伯顿时老泪纵横，他用感激的目光看着杨殷，半天哽咽，说不出一句话来。

没过多久，杨殷在兵工厂组织起第一个"工人十人团"。很快，十人团就起了作用，通过一串十，十串百，把工人们都聚在了一起，成立

了工人俱乐部。在一切稳定之后，杨殷开始有所行动，他列出厂长马超俊克扣工资、贪污渎职、投机倒把、私卖军火等十大罪状，让工友们印成传单，准备开展斗争。

过了几天，杨殷就发动了罢工，在他的组织下，工人们在厂内的电灯柱和树干上都挂满了砂锅，上面贴着"出粮无期，砂煲挂起"等控诉马超俊罪状的标语。马超俊看到这些传单和标语之后，暴跳如雷。他命令自己的手下进行破坏，并且还准备另招新的工人。他的这种做法，彻底激怒了工人，参加罢工的工人越来越多。马超俊看硬的不行，便想来软的，让自己的老婆出面，请工人们吃饭，之后掏钱收买工人，但是大多数人都拒绝了。

随后，杨殷立即召开工人大会，公开揭露马超俊出钱收买代表的卑鄙行为。总务科长马治和是马超俊的弟弟，他出动护厂队包围工人。工人们愤慨地说："如果护厂队敢拉人，大家就回厂取机关枪对抗。"马超俊闻讯赶来，见如此场面，想施缓兵之计，于是叫护厂队撤离，并劝工人回去静候消息。但过后，他就捏造事实，诬蔑工人聚众要挟，并开列黑名单，呈政府要求缉拿工人代表。杨殷得知消息，马上带领兵工厂的工人代表晋见孙中山先生，控诉了马超俊的种种罪行。了解实情后的孙中山勃然大怒，立刻撤掉了马超俊的厂长职务，并将拖欠工人的工资都补上了。这场"砂煲阵"罢工成功了。在斗争胜利的喜悦中，中国共产党领导的红色工会在石井兵工厂宣告成立。

人物心语

革命还未成功，我们必须继续进行反帝反军阀斗争！

——杨殷

周建屏

周建屏——平型关伏击日军

☞ **英烈小传：**

周建屏（1892—1938 年），云南宣威人，原名宗尧，字兴唐、兴堂。中国工农红军和八路军高级指挥员。1915 年护国战争时在朱德部下任连长，后在云南军中逐渐升任至旅参谋长。1927 年参加中国共产党。1927 年 8 月 1 日，率部参加南昌起义。1930 年 9 月，所处部队被扩编为红十军，担任军长。1938 年 6 月 13 日，在河北省平山县小觉镇旧伤复发不治去世。

1937 年 9 月，日军在召开大会后，制订了一系列的作战计划，他们想要攻克平型关，抢夺南下通道——滹沱河河谷，之后以大迂回的态势直冲忻县，然后从四面包抄恒山山脉南段，妄图将恒山地区的我晋绥各军一次消灭。

得到情报的 115 师军团开始进行商议，最终决定在平型关至东河南镇十余里险要地区伏击日军。平型关是晋东北的一个咽喉要道，两侧峰峦叠起，险峻陡峭。在它的左侧有东跑池、老爷庙等制高点，方便埋伏，而在它的右侧有白崖台等山岭，一条公路延伸在狭窄沟内，这是伏击歼敌的理想地带。

为使行动更加顺利，周建屏亲自到平型关去勘察地形，了解了更准确的信息后，制订出具体的作战计划：685 团分三路埋伏在公路转弯处的两侧山坡上拦头痛击，686 团埋伏在转弯处前方，趁敌人混乱之际，拦腰斩断日军。在安排好各项任务之后，大家纷纷行动起来，等待日军进入埋伏圈。

25 日一早，天还没亮，日军第五师团第 21 旅后续部队乘汽车一百余辆、辎重大车二百余辆，沿灵丘至平型关公路由东向西开进。七点多的时候，山沟里渐渐传来了日军汽车的马达声，这时，周建屏赶紧命令部队："注意隐蔽，继续观察，等候命令！"

随着马达声越来越响，开过来的汽车离他们越来越近、越来越多，当处在最前面的三辆汽车开到 685 团设下的埋伏圈之后，周建屏忽然起身，果断命令道："师长命令你们冲锋！"顿时，685 团的迫击炮、手榴弹和十多挺轻重机枪暴风骤雨般齐发，前三辆汽车立时中弹起火，并堵住了公路。跟在后面的车辆都撞在了一起，日军还没搞清楚前方发生了什么，就陷入了一片混乱。

就在这时，686 团一鼓作气冲下来，似尖刀一般，成连成排地直插敌阵，把敌军拦腰斩成数段。听到枪炮声的 343 旅的将士们此刻也从山顶俯冲而下，立刻奔向了公路，与日军展开了短兵相接的肉搏战，杀得日军四处乱窜。

没过多久，日军就已经死伤大半，日军指挥官看情况不好，立即纠集残余的五六百士兵，疯狂地向老爷庙制高点反复冲击。但公路南北两侧所有制高点，早已牢牢控制在八路军手中。他们无论怎样还击，都已经无法逃脱。

这场平型关之战，我军大获全胜。不仅歼敌千余人，还摧毁汽车百余辆，缴获九二式步兵炮一门，炮弹两千余发，摩托车三辆，机枪二十余挺，步枪千余支，战马五十余匹及一批作战文书、军用地图和大量军需物品。这一仗是八路军出师华北抗日战场的首场大捷，同时也是全国抗战爆发以来中国军队的第一个大胜利。平型关大捷振奋了全国人民的士气，打破了日军不可战胜的神话。

人物心语

你们替我转告官兵和民众，要抗日到底。

——周建屏

林祥谦

林祥谦——领导京汉铁路工人大罢工

☞ **英烈小传:**

林祥谦(1892—1923年),福建闽侯人,"二七"大罢工领导人之一,中国工人阶级的杰出代表和中国工人运动的先驱。1922年夏天,加入中国共产党,不久当选为江岸京汉铁路工会委员长。1923年2月7日,林祥谦在罢工遭到镇压后英勇就义,年仅31岁。

1923年2月1日,身为江岸京汉铁路分工会委员长的林祥谦,在郑州召开京汉铁路总工会成立大会。那日清晨,反动军警荷枪实弹聚集郑州城。面对全副武装的敌人,林祥谦和代表们毫不畏惧,带领众人冲破军警的包围圈,进入会场。他们在一片欢呼和口号声中,宣告京汉铁路总工会正式成立。

到了下午,反动军阀开始行动,吴佩孚下令反动军警占领总工会会所,驱逐工会工作人员,查抄总工会的文件材料,砸坏各单位赠送给大会的匾额和礼品,之后,更过分的是,他们竟然包围和监视了代表们的住处。面如此恶劣行径,林祥谦当晚就参加了总工会召开的紧急会议,决定向反动当局提出五项要求,限两天之内答复,否则将于2月4日举行全路总同盟罢工。会议决定总工会移到江岸办公,同时成立总罢工委员会,林祥谦被指定为江岸地区罢工总负责人。

次日一早,林祥谦便迅速回到江岸,立即召开了会员大会,传达总工会关于发动全路总同盟大罢工的决定,并通过一系列的演讲,号召工友们积极投入反抗军阀的暴行中去。随后,林祥谦便组织工人们开始进行宣传,向广大群众揭露敌人罪行,还成立了一组调查队,以便及时了解军阀的各项动态。除此之外，更是扩大了工人纠察队，同时连夜赶制了一些自卫武器。到了2月4日上午，反动当局仍然没有给予任何回复，于是，林祥谦就下达了罢工令。随着第一声汽笛的拉响，京汉铁路工人大罢工开始了。

2月6日下午，汉口美、英总领事召集中外买办资本家进行密谋策划，并向北洋军阀政府施压。吴佩孚勾结帝国主义，决定对罢工的京汉铁路工人进行残酷镇压。得知此情况的林祥谦，立刻敏锐地意识到一场狂风暴雨即将袭来。次日上午，他将分工会的图章藏在家里的炭火盆里，匆匆赶回工会。到了傍晚时分，反动军阀忽然带着两营士兵，从四面八方包围了江岸分工会会所，一声令下之后，便开始进行疯狂的射击。这让毫无准备的江岸工人死伤无数，这场野蛮的屠杀便是震惊中外的"二七惨案"。面对突如其来的残忍屠杀，林祥谦毫无畏惧，带领工人同前来镇压的反动军队进行了英勇搏斗，终因寡不敌众，与十几名工会领导人和工人代表被敌人逮捕。

当夜，天空飘着鹅毛大雪，敌人以死威胁逼迫林祥谦下令复工，并将他绑在江岸车站站台的木桩上。即便如此，林祥谦也没有向反动军阀低头，他毅然决然地拒绝。这时，敌人举起大刀狠狠朝林祥谦左肩砍去，并大喝："开不开工？"林祥谦斩钉截铁地说："上工要总工会下命令。我头可断，血可流，工不可复！"话音刚落，敌人又狠狠砍向他的右肩，顿时，他血流如注，昏死过去。醒过来之后，敌人仍用一些残酷的手段逼他下令开工，但是都未成功。最终，敌人怒不可遏，将他残害致死。

尽管林祥谦牺牲了，但是他组织的这次大罢工从政治、经济上沉重打击了帝国主义和反动军阀。

人物心语

死了一个工人，会有千百万工人站起来，革命最终一定会胜利！

——林祥谦

韦拔群

韦拔群——"三打东兰"，
打响广西农民武装斗争第一枪

☞ **英烈小传：**

韦拔群（1894—1932年），百色起义领导人之一，广西东兰人，壮族。1916年年初在贵州加入讨伐袁世凯的护国军，参加了护国战争。后入贵州讲武堂学习，毕业后到黔军任参谋。1921年起，在东兰领导农民运动。1926年冬，加入中国共产党。1929年12月，参与领导百色起义，建立右江苏区。1930年11月，他发动群众，组织扩建部队，在极其艰苦的条件下坚持游击斗争。1932年10月19日被叛徒杀害。

1923年6月，烈日炎炎，韦拔群在广西东兰县武篆镇东里村火速召集"同志会"的领导骨干举行会议，决定举行武装起义，攻打东兰县城，并对起义的军事行动作出详细的部署。

会议结束后，韦拔群又立刻召开了五百多人的群众大会，在大会上，他诚恳地用瑶族语言深刻分析了瑶族人民世代穷困的原因，并由此发出强烈的号召，让他们和壮、汉族贫苦农民团结起来，共同打倒豪绅地主，彻底从旧世界中解放出来。在场的群众听完他的话之后，提高了觉悟，当场就有几百人踊跃报名参加"同志会"和"农民自卫军"，还拿出上百支土枪和许多长矛、大刀，下定决心要跟随韦拔群一同为争取翻身解放而进行斗争。

6月末的一个夜晚，暗无星光，韦拔群率领四百多人的农民军，按计划兵分四路攻打东兰县城。在韦拔群的指挥下，四路农民军按照计划，准时到达东兰城郊的指定地点，等候命令，准备于次日一早发起攻城。但是，由于天降大雨，道路泥泞，城南的九曲河河水开始暴涨，农民军火器被雨水淋湿，起不了什么作用，而南路农民军又过不了河。县衙门警卫队和团总韦龙甫带领一百多人的反动武装，凭借三座炮台据险顽抗。韦拔群指挥各路农民军多次进行强攻，但都因为兵力不足、武器简陋而强攻不下，没办法只能选择撤退。

第一次攻城失利后，韦拔群又重新对攻城计划进行了一次更周密的部署，要求各路农民自卫军紧急扩充队伍，增购一些枪支弹药。同年7月31日，韦拔群又率领农民军八百多人发起了第二次攻城战斗。但因为农民军缺乏作战经验，行动无法一致，攻击的火力没有办法集中，加之时间仓促等原因，所以县城仍旧没有攻克。

虽然两次攻城都以失败告终，但是韦拔群和农民军并没有灰心丧气，同年10月20日，韦拔群洞察时机，趁县城敌人防卫力量薄弱，便立刻带领农民军约1500人，开始进行第三次攻城，一昼夜的激战之后，农民军在隔日清晨终于彻底攻占了县城。团总韦龙甫等人看大势不好，便连夜逃窜而去，团丁们吓得纷纷缴械投降。这时，韦拔群下令砸开了黑牢，释放了那些被关押的群众。接着，韦拔群在县城召开两千多人的群众大会，欢庆人民武装斗争的初次胜利，并宣布取消苛捐杂税，废除各种封建压迫剥削的契约，提倡民族平等。贫苦农民听后，个个欢天喜地，无不拍手称快。

"三打东兰城"是韦拔群领导农民运动早期最重要、最著名的一场武装斗争。这场武装斗争轰动了广西各地，狠狠打击了桂系军阀在东兰的反动统治，也动摇了几千年来农村封建势力的根基，展现出了人民武装的巨大力量。这次斗争的胜利，拉开了广西农民武装斗争的序幕。

人物心语

革命者要有顽强拼搏的意志，要不畏生死，要坚决为人民的权利而奋斗！只有我们不怕牺牲，才能换得千千万万人民的幸福！

——韦拔群

邓中夏

邓中夏——"平民教育"的先行者

☞ **英烈小传：**

邓中夏（1894—1933年），湖南宜章人，中国共产党早期工人运动领导人之一，中国共产党创立时期的党员。五四运动时是北京学联的领导人之一。先后领导多次工人大罢工，曾任中共江苏省委书记、广东省委书记、湘鄂西特别委员会书记等职。1933年5月在上海法租界被捕。8月，因身份暴露，被引渡给中国国民党反动派。9月21日，在雨花台被敌人杀害。

1917年夏季，邓中夏通过自己的努力，考入北京大学文学系。在北京大学，邓中夏最欣赏的教师便是李大钊，他十分喜欢李大钊所讲的马克思主义，除了时常听他讲课外，他还经常阅读李大钊发表的文章。后来，在和李大钊的交流过程中，邓中夏受到鼓舞，开始研究马列主义，并积极投入当时的反帝爱国斗争。在他的不断努力下，一个全国性的秘密团体——学生救国会成立了。但由于当时处于军阀统治时期，北京学生救国会很难开展公开活动。后来，在学生救国会商议之下，决定创办杂志《国民》，想通过它来向北京和全国的学生进行反帝爱国的宣传。

从那时开始，邓中夏便积极投入创办和编辑《国民》杂志的过程中去。随着杂志不断发行，邓中夏发现一个问题，那就是《国民》杂志只对那些识字的人有宣传效用，而对不识字或识字很少的青年工人、农民，就显得很不够了。为了解决此问题，邓中夏决心走出校门，向广大贫苦民众传播文化知识和爱国救国的道理。

两年后，为了让处于贫苦生活的农民也能学习到知识文化，邓中夏开始组织一些有识之士成立了"北京大学平民教育讲演团"。讲演团成员39人，多为《国民》杂志社、《新潮》社成员。之后，还在《北京大学日刊》上刊登了征集团员启事和讲演团简章。

当人数达到一定数量后，邓中夏率领手下的讲演团，乘举行庙会的机会，到东便门外蟠桃宫进行第一次露天讲演。当天，邓中夏声情并茂的演讲，触动了场下所有群众的心，与此同时，也提高了他们的爱国觉悟，在阵阵掌声中，他的演讲结束。从那天开始，他便时常带着讲演团四处进行讲演，他的讲演受到广大市民的欢迎，并为五四运动的爆发做了思想准备。

后来，"平民教育"的呼声越来越高，乘着这股东风，邓中夏立刻设立了工人识字班。一开始，有些工人拒绝学习，他们认为学习文化知识没什么作用，后来经过邓中夏耐心讲解，他们才意识到只有有了文化才能不受愚弄欺压，终于使大批工人下班后自动来学。后来，学习文化的工人越来越多，最终大家团结起来，成立了工人俱乐部。邓中夏成为俱乐部的代表，处处为工人们着想，赢得了工人们的信赖。

1925年，在上级指派下，邓中夏到广东领导省港大罢工，不过因为他一口湘音，很多人听不懂，为了方便宣传知识，他每到一个地方就学习当地的语言。那些激动人心的演讲，给工人留下了深刻的印象。邓中夏一生四处奔走，终于让那些不识字的底层民众认识到接受教育的意义，同时也把全国各地人们的爱国之心紧紧凝聚在一起。

人物心语

人生只有一生一死，要生得有意义，死得有价值。

——邓中夏

刘伯坚

刘伯坚——改造西北军，重要关头收奇效

☞ **英烈小传：**

刘伯坚（1895—1935 年），中国工农红军高级指挥员，四川平昌人。1920 年赴欧洲勤工俭学，1921 年与周恩来等发起组织中国少年共产党，1922 年转为中国共产党党员。曾参与领导国民党军第 26 路军宁都起义并任改编部队红五军团政治部主任。中央红军长征后，奉命留在苏区坚持斗争。1935 年 3 月率部队突围时不幸负伤被捕，21 日壮烈牺牲。

1926 年 9 月，中共中央派遣刘伯坚等人去绥远改造西北军。在熟悉了这里的情况之后，刘伯坚发现：尽管西北军有十几万人，但是他们内部却十分混乱。士兵们个个面黄肌瘦，身着破烂军衣，最致命的是，他们完全不懂政治概念。为了振奋涣散的军心，刘伯坚开始到各军建立政治工作机构，他根据党中央规定的原则，开始改造西北军，并在工作中勇于创新，制订了一系列行之有效的制度和措施。

为了将制度严格落实，刘伯坚每天都要工作 18 个小时以上。这时，中共中央派遣刘志丹、安子文等二百多名干部到西北军中来，他们都在刘伯坚的统一安排下被分配到各部队，担任政治工作干部。工作虽然辛劳，但刘伯坚还是会抽出时间和士兵聊天谈心。这些在旧军阀队伍中长期生活的人都说："刘部长真是没有一点架子，从来没见过这样的大官。"每一次刘伯坚说的话，都能深深打动这些穷苦士兵的心。当地的士兵军官都知道他是共产党员，因此，就觉得共产党的作风就是好。

刘伯坚这一生最大的贡献就是奠定了党在西北军中的影响。这支旧军队在冯玉祥的带领下，有着相对朴实的作风，官兵也大都是较少带兵

痞恶习的穷苦农家出身，但他们毕竟是从北洋军阀部队中分化出来的。刘伯坚利用西北军中的有利条件，把革命的思想注入官兵中间，同时用自身的模范作用影响他们，因而才有点石成金、枯木逢春的奇效。

虽然刘伯坚仅仅待了九个月就离开了绥化，但就是这九个月的努力，让共产党积累了改造旧军队的重要经验。对西北军来说，共产党的良好影响此后长存了二十多年——在后来一系列重大历史关头，西北军部队连续发起过宁都起义、察绥抗日同盟军、西安事变，直至淮海战役开始时西北军最后一支余部还在张克侠、何基沣率领下起义。这都是因为当初以刘伯坚为代表的共产党干部将共产党的精神深深植入了这支队伍。因此，可以说，这都与刘伯坚当初的功劳与心血密不可分。

人 物 心 语

生是为中国，死是为中国，我为中国作楚囚。

——刘伯坚

蔡和森

蔡和森——五卅运动，掀起反帝爱国运动高潮

☞ **英烈小传：**

蔡和森（1895—1931 年），湖南双峰人，中国共产党早期的优秀领导人。1913 年进入湖南省立第一师范读书，之后同毛泽东等人一起组织进步团体新民学会，参加五四运动。留法期间对建党理论作出重大贡献，1921 年回国并加入共产党。1925 年，参与组织和领导五卅运动。1931 年，组织广州地下工人运动时遭叛徒出卖被捕，牺牲在广州军政监狱。

1925 年 5 月中旬的一天，上海日本棉纱厂的上空一声枪响，工人顾正红倒在了血泊里。消息传出，立刻激起了广大群众的强烈愤慨。就在这时，蔡和森再也无法忍受日本鬼子的欺压，他带头和刘少奇等同志，一方面深入群众之中组织领导罢工活动，另一方面广泛发动各界声援。一时间，大规模的群众性反帝爱国运动轰轰烈烈地展开了。

5 月末的一个下午，蔡和森在人群的簇拥下，站到了南京路的高台上，一边演讲，一边散发传单。他大声地喊着："帝国主义枪杀中国工人顾正红倒没有罪，中国工人、学生在自己的国土上声援被害同胞反而有罪，遭工部局逮捕、坐牢、判刑，这是什么世道？哪一国的法律？帝国主义这样横行霸道，难道我们中国人能忍受吗？"

听完他的话，在场的广大群众一个个情绪激昂，他们振臂高呼"打倒帝国主义"、"收回租界"等口号。到了下午，那些可恶的租界巡捕带着一大批人马开始不断殴打和逮捕那些演讲的学生，愤怒的群众聚集在南京路老闸捕房前，大声喊着："放了我们的学生！"阵阵喊声持续不断，英巡捕头目一声令下，众巡捕便开枪射击，当场倒在血泊中的群众

就有十几人，受伤者更是无数，这就是震惊中外的"五卅惨案"。

当天晚上十点多，中共中央召开了紧急会议，蔡和森、恽代英等人从各处赶来，出席了这次会议。会上，蔡和森情绪激动，想起同胞受难的情景，他便提出了号召全上海工人罢工、商人罢市、学生罢课，反对帝国主义的策略主张。

在几次大规模游行之后，6月1日，上海20万工人罢工、学生罢课、商人罢市，形成了"三罢"高潮。当晚，中共中央再次举行会议，蔡和森在会上分析了革命形势，进一步提出了新的策略主张："在上海应当马上成立工商学联合会，成为这一反帝运动总的公开指挥机构，以巩固和发展这一运动，进行长期的斗争；同时要马上把运动扩大到全国去。"

没过三日，上海工商学联合会在闸北成立。与此同时，中共中央发表了蔡和森起草的《为反抗帝国主义野蛮残暴的大屠杀告全国民众书》，号召全国被压迫的民众共同起来反抗此种血腥屠杀。

就这样，反帝运动越来越激烈，在蔡和森的积极领导下，全国各地都参与其中，最终，"三罢"斗争掀起了波澜壮阔的反帝斗争高潮，给帝国主义以沉痛打击。五卅运动在中国革命史上写下了光辉的一页。在这场运动中，蔡和森有着不可磨灭的功劳。

人物心语

世乱吾自治，为学志转坚。

——蔡和森

向警予

向警予——为女权斗争奋斗终身

☞ 英烈小传：

向警予（1895—1928 年），女，湖南溆浦人，原名向俊贤，是中国共产党妇女运动早期领导人。1922 年年初加入中国共产党，成为最早的女共产党员之一。1928 年 3 月 20 日，因叛徒出卖，在法租界三德里被捕。5 月 1 日，在赴刑场的路上，沿途演讲，被宪兵往嘴中塞入沙石，最终英勇就义。

1922 年，向警予加入中国共产党。没过多久，在共产党召开的第二次代表大会上，她当选党中央第一任妇女部长，开始领导中国最早的无产阶级妇女运动。

1923 年夏季，中共三大在广州召开，通过了向警予起草的《中国共产党第三次全国代表大会妇女运动决议案》，其中明确提出"女子应有遗产继承权"、"男女社交自由"、"结婚离婚自由"、"男女工资平等"、"男女教育平等"、"男女职业平等"等有关男女平权、保护妇女权益的条例，并提出"全国妇女运动大联合"。

次年，广东女权运动大同盟在向警予等人的努力下，终于正式成立。向警予担任其会长。随后，由于工厂女工时常被克扣工资，已经满足不了基本生活，于是她们便组织起来，联合罢工。当时，上海 14 家丝厂 1.4 万余名女工要求改善待遇而罢工，厂主勾结军警进行镇压，一些工人被捕。为了改变这一现状，向警予开始四处奔走，当时，为了扩大影响力，她发动女权运动同盟会、全国学生总会、闸北市民协会等团体声援女工的斗争，女工所提出的要求得到社会各界的支持。最终在她和其他党员的共同努力下，工厂方面满足了女工们提出的"增加工资、工作时间 10 小时、释放被捕工人、承认工会"等 16 项条件。罢工最终取得胜利。

1925 年 1 月，向警予出席了中共四大，并且再次连任中共中央妇女部部长。1 月 1 日，上海女界国民会议促成会成员分头向市民们宣传动员。向警予带领南方大学女生团、大夏大学女生团等一百余人，手持旗帜和宣传品，到西门、城内、闸北、虹口提篮桥等处演讲；王一知、李一纯等到仪昭女校演讲。除此之外，为了让群众更加深入了解妇女解放的意义，她们还亲自到居民家中宣传。过了不久，上海女界国民会议促成会再次发表宣言，提出 13 条代表妇女权益的具体要求：（1）男女社会地位平等；（2）女子应有财产权与继承权；（3）女子应有结婚自由权；（4）男女教育平等；（5）一切职业为女子开放；（6）女子应有参政权；（7）男女工资平等；（8）保护女性；（9）废除娼妓制度；（10）禁止蓄婢纳妾；（11）禁止溺女；（12）禁止缠足；（13）凡有碍女权之法律，一概废除，另订男女平权并助进女权发展之法律与宪法。

向警予为了女权解放，不断四处奔走。正是她的努力，才点醒了诸多的中国妇女，让她们意识到解放的意义，从而投入革命中去。向警予曾说："要一个肩膀担负力争女权的重担，一个肩膀担负力争民权的重担。"由此可以看出，她将女权斗争当成了终身奋斗的事业。

人物心语

为花季少女解开裹脚布，为广大妇女争取参政权，为底层娼妓寻求独立人格，谁说我辈不女权？

——向警予

吉鸿昌

吉鸿昌——率部北征，收复多伦

☞ **英烈小传：**

吉鸿昌（1895—1934年），字世五，原名吉恒立，抗日英雄，爱国将领，河南扶沟人。1913年入冯玉祥部，从士兵递升至军长，骁勇善战。1932年加入中国共产党，1934年11月9日，在天津法租界遭军统特务暗杀受伤，被工部局逮捕。11月24日，经蒋介石下令，被杀害于北平陆军监狱，时年39岁。

1932年年初，日本帝国主义带领大批部队直攻上海，这一消息震惊了全国。吉鸿昌在听到消息之后，立刻回到国内，加入中国共产党。随后，在党中央的指派下，他悄悄潜入山东境内，在和冯玉祥联络上之后，便开始合力组织武装抗日，为了购买枪支炮弹，他不惜变卖了全部的家产。

1933年5月，在吉鸿昌的不懈努力下，察哈尔民众抗日同盟军在河北张家口正式成立，在众人推举下，他担任第二军军长、北路军前敌总指挥兼察省警备司令。进入6月，天气开始变得异常炎热，尽管如此，为了收复察东失地，吉鸿昌还亲率部下北征。在吉鸿昌的指挥下，北路军所向披靡，三战三捷，接连收复康保城、宝昌和沽源县。

没过多久，吉鸿昌带领部队来到了察东重镇——多伦。由于多伦的地势十分奇特，易守难攻，所以日本也十分看重，将它视为攻掠察绥两省的战略据点，并加派许多重兵严加看守。为了夺下多伦，吉鸿昌在仔细勘察地形之后，决定采用强攻为主、先发制人、内外结合的战斗方案。

一日晚上，天空阴沉，几乎没有一丝光亮，这时，在吉鸿昌的命令下，同盟军开始兵分几路朝多伦发动进攻，日伪军顿时措手不及，但还是凭借工事与火力，拼命顽抗。攻城部队连发几百子弹，勇猛冲击杀敌，但最终还是强攻不下。见此，吉鸿昌顾不上自身安危，立刻组织起了一支敢死队，赤膊匍匐前进，连续三次指挥登城。在此之前，他命令副帅："一会儿，我带敢死队冲锋掩护，趁着混乱，你带一些士兵化装成伪军，悄悄潜入他们的阵地。"在他和敢死队的掩护下，副帅成功带领四十余人潜入了敌营。

数日后一个凌晨，吉鸿昌在短暂休憩之后，带领部队又来到日伪军的据点前，看好时机之后，他一声令下："冲啊！杀光这些日伪军！"听到命令之后，部队的将士一鼓作气直奔敌营杀去。这时，听到枪响的日伪军的头领刚想掏出手枪有所行动，却不料被潜藏在门外的同盟军副帅一枪击中，当场毙命。

由于没有头领的指挥，日伪军陷入了一片混乱之中，没过多久，这场里应外合的战斗就彻底结束了。日伪军死的死、逃的逃，剩下的全部被同盟军俘虏。吉鸿昌成功收复了多伦，而察东四县也全归同盟军之手，成为九一八事变以来中国军队首次从日伪军手中收复失地之举，对全国抗日力量产生极大鼓舞。

人物心语

恨不抗日死，留作今日羞。国破尚如此，我何惜此头！

——吉鸿昌

恽代英

恽代英——创建利群书社，播撒革命火种

☞ **英烈小传：**

恽代英（1895—1931 年），中国共产党政治活动家、教育家，生于湖北武昌。1920 年创办利群书社，后又创办共存社，传播新思想、新文化和马克思主义。1921 年加入中国共产党。1923 年任上海大学教授。1928 年 7 月，中共六大以后赴上海，先后担任中共中央组织部秘书长、宣传部秘书长。1931 年 4 月 29 日，在南京监狱中遭杀害。

1919 年 5 月，五四运动开始，恽代英开始接触马克思主义，他极力想要改造中国的现状，想要将知识分子凝聚在一起，互帮互助，为新生活而共同努力。他对社会主义新生活的憧憬与向往，得到林育南、李书渠等 11 人的热烈响应。

随后，他们便开始团结起来，决定创造一个共同生活的营业单位，一切财产来自公众，也献之公众。对于这种思想，恽代英曾这样解释："这是创办一个独立的事业，投身生利场合的第一步，实行一部分的共产主义，试办近乎各尽所能各取所需的团体。看机会以尽力于工读互助主义，尽能力为社会兴办各项有益事业。他（它）的办法，初步是共同生活与书报贩卖。"之后，在《共同生活的社会服务》一文中，提及这个筹划中的营业单位，定名为"利群书局"。其宗旨为"利群助人，服务群众"。

1920 年 1 月 1 日，利群书局终于打开店门，正式营业。因为打着"互助"的旗号，没过多久，便吸引了日新社、辅仁社、健学会等团体的大部分社员，他们凝聚在一起，成了武昌各进步团体的结晶体。他们

生活在一起，工作在一起，每天自己动手整理店堂，出售书报，为读者服务。晚上，工作了一天的他们，还会聚在一起，在灯下一起学习，各自自省，并填写"自省表"，检查自己当日是否做了利群助人的事，并对自己的错误思想进行批判。利群书社里始终洋溢着朝气蓬勃的气氛。

后来，利群书社逐渐成为长江中游宣传马克思主义的重要阵地，经销《共产党宣言》、《共产主义 ABC》、《马克思资本论入门》等著作和《新青年》、《共产党》等刊物。很多进步青年都是通过利群书社，认识和学习到马克思主义的思想，之后走上革命道路的。

其实，利群书社除了是宣传马克思主义的重要阵地之外，同时也是武汉地区进步青年对外的联络点。它与《新青年》、《新潮》等杂志社有业务来往，和北京、上海、长沙等地的进步社团保持密切联系。另外，为了达到更好的宣传效果，利群书社的成员们还经常去外地考察、学习和工作。他们去长沙、衡阳和新城煤矿区进行过调查访问和观光，也去黄陂余家湾正谊小学任过教，随后还去了湖南长沙进行革命宣传活动。他们将革命的火种播撒在全国各地。

尽管利群书社只开办了一年零四个月，最终毁在王占元嫡系陆军第二师兵变燃起的一场火灾中。但是，恽代英、林育南等已经通过革命实践，有了更深刻的思想认识，从此之后，他们燃起了更亮的革命火花，并积极投入反帝反封建的爱国活动中去。

人物心语

国不可以不救。他人不去救，则唯靠我自己；他人不能救，则唯靠我自己；他人不下真心救，则唯靠我自己；自己要是不真心救，就是亡国奴的本性了！

——恽代英

董振堂

董振堂——宁都起义，投奔中国共产党

☞ **英烈小传：**

董振堂（1895—1937 年），中国工农红军高级指挥员，字绍仲，河北新河人。1923 年投身冯玉祥西北军，递升至师长。1926 年 9 月参加北伐战争。1931 年 12 月 14 日，率兵举行了震惊中外的宁都起义。1932 年加入中国共产党。1937 年 1 月，攻占甘肃省高台县城后，被国民党马步芳部两万余人包围，激战九昼夜，于 20 日牺牲。

1931 年 12 月，共产党设在南昌的一个地下交通站忽然遭到了敌人的袭击，由于没有任何防备，26 路军中共地下党的两份重要材料落到了敌人的手中。国民党在得知 26 路军共产党的情况后，急电 26 路军总指挥部严缉刘振亚、袁汉澄、王铭五三名共产党员，并连夜押送南昌行营惩处。随后，又派人乘专机送去妄图将 26 路军地下党一网打尽的"手令"。

没想到的是，因总指挥孙连仲身在上海，所以"急电"和"手令"全都落到当时主持全军日常工作的参谋长赵博生手里。赵博生得知这个突发事件后，决定尽快举行起义，并获得了中央领导的大力支持，开始筹备起义事项。董振堂为这次起义的副总指挥。

1931 年 12 月 14 日，赵博生以执行南昌行营的命令准备"进剿"为名在总指挥部设宴，并邀请团长以上军官。宴会上，赵博生做了起义动员。这次动员争取到了多数军官的支持，同时对几个企图顽抗的军官当场扣押。在总部行动完成后，董振堂和季振同等人悄然回到各自的岗位上。

　　一切准备就绪之后，紧张的气氛凝聚在宁都城的上空。时间一分一秒过去，午夜 12 点，一阵清脆的枪声打破了这个宁静之夜，就这样，起义开始了。在这场战斗中，董振堂冲锋在前，向那些顽固之敌进行扫射，还没搞懂情况的敌人顿时吓得四处乱窜。由于大部分人团结一心，战斗没持续多久就结束了。那些不听劝阻的顽固之敌最终死在了枪下，起义取得了胜利。除国民党 26 路军除总指挥孙连仲、27 师师长高树勋不在宁都，25 师师长李松昆越墙逃跑和驻在宁都城北的一个团因路远未参加外，共有一个总指挥部、两个师部、六个旅部、11 个整团，总计一万七千余人参加了起义。

　　在确定胜利之后，董振堂兴奋不已，他向部队说："我们起义成功了！我们再不受国民党的气了！从现在开始，我们和这些东西永别了，我们马上到红军那边去！"说完，他把国民党的帽徽、胸章从身上撕下来，并把一面国民党的青天白日旗当众撕碎，扔到一边。这时，队伍中立即响起了震天动地的欢呼声。

　　宁都起义的成功，更加证明共产党正确的革命方向，26 路军一万七千余名官兵毅然弃暗投明，加入革命斗争的行列。这消息一传出，就造成了很大的轰动，这一壮举狠狠打击了国民党反动派，同时也鼓舞了全国革命人民的士气，对共产党日后的发展和壮大起了重要的作用，在中国革命史上写下了光辉的一页。宁都起义的成功，董振堂功不可没。

人物心语

　　革命了，个人的一切都交给了党，还要钱干什么！

——董振堂

旷继勋

旷继勋——反"围剿"猛将，建苏区能手

☞ 英烈小传：

旷继勋（1895—1933年），中国工农红军高级指挥员，贵州思南人。1919年入川当兵，历任连长、营长。1925年升任黄隐江防军第二师第四旅旅长，不久江防军缩编为第七混成旅时改任第二团团长。1926年参加中国共产党。1929年6月，建立四川第一个红色政权——蓬溪县苏维埃政府。1933年夏，在四川通江洪口牺牲。

1930年11月，中央领导指派旷继勋前往鄂豫皖进行革命工作，到达之后，他被委任为红军第4军军长，与此同时，还担任了鄂豫皖苏区红军的总指挥。在那里，他英勇杀敌，让苏区不断扩大。

从那之后，旷继勋积极投入革命工作中去。在他的领导下，这个苏区渐渐改变了原本的总态势。针对和敌军的作战方式，他认为红军不能总是被动应战，而是应该学会勇敢出击，从那些小的游击战中彻底解脱出来，对敌实行进攻战略，让他们胆寒。

他说到做到。一次，在他的布置谋划下，一万两千多红军随着他开始奋勇冲锋。他指挥得当，并在战争陷入僵局时，采用奇特的战术——坑道爆破，顺利攻克了以前红军多次未能攻克的堡垒，创造了红军战史上采用坑道作业爆破的成功战例。

随着数次战争告捷，将士们更有士气，更加团结，鄂豫皖苏区的政治、经济、文化重心地位也都逐步稳固了下来。随后，在又一次战役中，他仅用六个小时歼敌34师三个步兵团、一个炮兵营、一个特务连，生擒敌师长岳维峻及官兵五千余人，缴获长短枪六千多支，大炮14门，

取得了空前大捷，所有将士振臂欢呼。

没过多久，党中央又给了旷继勋新的任务，他从一个驰骋疆场的军事指挥员转入地方工作。从此，他又为筹建地方政权机构操劳忙碌起来。根据计划，他筹划开展了轰轰烈烈的土地革命运动，组织西北军委机关和后勤人员到第一线工作，又从红四方面军中抽出数千名工作积极、作风正派、有地方工作经验的干部战士组成工作队分赴各地，领导群众打土豪分田地，筹建基层党组织与苏维埃政权及各种群众组织等。

随后，他又提出了诸多计划：禁止鸦片流通、消灭当地土匪、建立地方武装、大力扩展红军。根据这些计划，他开始组织行动，在一项一项工作得到彻底落实之后，他又组织召开了川陕省第一次党代表大会，成立了中国共产党川陕省委员会。之后，他把工作重点转移到发动青年参加红军上来，在他的大力宣传下，红四方面军的总人数直线上升。就这样，一场轰轰烈烈的拥军运动在川陕地区开展起来。

无论是勇猛杀敌反国民党"围剿"，还是积极筹建地方政权，旷继勋都做得十分出色。他踏实工作，体恤将士、群众，因此获得了众人的爱戴和拥护，他身上那种军人的勇气、果断与政治工作者的慈爱受到人民的敬仰。有人评价他说："他不愧为中国共产党早期的高级指挥将领，不愧是中国共产党杰出的地方政权建设者。"这句话放在旷继勋身上，真是当之无愧。

人物心语

谋求工农解放，为大众解除痛苦。

——旷继勋

陈赞贤

陈赞贤——蒋介石背叛革命
杀害的第一位共产党员

☞ 英烈小传：

陈赞贤（1896—1927 年），江西南康人。1925 年加入中国共产党。1926 年被党组织派任广东南雄总工会委员长。1926 年 10 月领导赣南工农革命运动。1927 年 3 月 6 日，进驻赣州的国民党国民革命军新编第一师逮捕了陈赞贤，敌人要挟他解散总工会，停止工农运动，他宁死不屈，最终壮烈牺牲。

1926 年 11 月初，赣州总工会正式成立，陈赞贤担任总工会委员长。之后，他便开始积极地开展革命工作，组织创立了赣南工农干部训练班，召集许多工农加入，将他们培养成革命运动的骨干，并由他们一波带一波，组织宣传下去。渐渐地，基层工会越来越多，会员发展到 1.8 万人。一切时机成熟之后，陈赞贤开始领导赣州钱业工人进行罢工斗争，向资本家宣战。进入中旬，钱业店员三百余人开始同时罢工，一时间，造成了十几个钱庄停止营业，给钱业资本家以沉重打击。就这样，赣州轰轰烈烈的罢工运动开始了。

在组织工会和罢工期间，陈赞贤经常忘了休息，总是时刻惦念着工农群众，一有时间，就和他们谈心。正是因为这样，赣州工人都十分尊敬他。他领导工人积极开展的这场罢工斗争，提出了"保障职工，增加工资，改善待遇，实行八小时工作制"四点要求，矛头直指资本家。一时间，资本家都将他恨得咬牙切齿，并想尽一切办法去破坏工人运动，与此同时，还不断想方设法地对陈赞贤进行诋毁攻击，但都没有得逞。

1927年3月1日，赣州总工会召开大会，欢迎陈赞贤返回赣州。在会上，陈赞贤声情并茂地传达了省第一次工人代表大会精神，并极力号召工人阶级团结起来，与国民党反动派斗争到底。几日后，陈赞贤正在赣州总工会主持会议。话还没有说完，新编第一师的反动军官胡启儒就闯了进来，他以"有事商谈"为由，将陈赞贤骗出会场，随即抓走。当工人们察觉情况不对时已经晚了，总工会的大门已被反动武装封锁，根本没人能出去。

就这样，陈赞贤被绑押到了国民党赣县公署西花厅。国民党头子倪弼、郭巩等人对着他吼道："你是奉了谁的命令来赣州办工会？你知不知罪？现在给你三分钟时间，立刻签字解散赣州总工会，否则要你好看！"陈赞贤义正词严地说："奉谁的命令来赣州办工会你们管不着。我从事工农运动，根本没有罪；你们欺压民众、破坏革命才是犯了滔天大罪！我头可断，血可流，解散工会的字，我宁死也不签！"看到陈赞贤始终不肯低头，胡启儒、陆剑鸣当即气急败坏地开枪向陈赞贤射击。陈赞贤中弹后并没有倒下去，他轻蔑地看着刽子手，不断高呼"中国共产党万岁"、"赣州总工会万岁"、"打倒帝国主义、打倒新军阀"的口号。

这不断的喊声，终于激怒了这些凶恶的国民党，他们纷纷开枪射击陈赞贤，在连中18弹之后，陈赞贤倒在殷红的血泊之中，壮烈牺牲，这就是当时震惊全国的"赣州惨案"。陈赞贤成了国民党蒋介石背叛革命，血腥屠杀的第一位共产党员。他用鲜血和生命谱写了工人运动壮丽的篇章。

人物心语

革命应有牺牲精神，个人生死不足为惧，我陈赞贤死了，还有第二个陈赞贤。

——陈赞贤

钱壮飞

钱壮飞——粉碎中共历史上最危险的叛变

☞ **英烈小传:**

钱壮飞 (1896—1935 年),中共早期隐蔽战线上杰出代表,浙江湖州人。1915 年考入北京医科专门学校。1926 年加入中国共产党。1929 年年底,打入国民党中央组织部党务调查科,任科主任徐恩曾的机要秘书。1931 年 4 月 25 日,及时将顾顺章叛变的绝密消息告知中央,为保卫中共中央机关的安全做出了重大贡献。1935 年 4 月牺牲。

1931 年 4 月 25 日正是星期六,徐恩曾一如既往地在灯红酒绿间逍遥,而钱壮飞照例留守在正元实业社 (国民党特务机关最高秘密指挥部) 值夜班,晚上 10 时忽接武汉发来六封给陈立夫、徐恩曾的特急绝密亲译电报,这让钱壮飞感到了异样。他当机立断拆译密电,得知中共中央政治保卫部主要负责人顾顺章已经叛变,并已被押往南京,三天后就能和国民党会合。这让他顿时紧张不已,因为顾顺章手里握有太多共产党的秘密,地下情报站点以及重要的电台密码等,甚至他还知道共产党领导人的藏身之处。这也就意味着我党机密可能和盘落入敌手,意味着三天后,我党将遭受毁灭性的打击。

这个情报生死攸关。钱壮飞不敢再耽误一秒钟,他立刻行动起来,快速查阅了列车时刻表,当晚 11 点,还有一趟宁沪特快列车,如乘这趟车,那么在明天早上 6 时 53 分就可抵达上海。

事不宜迟,钱壮飞立即回家,叫醒了女婿刘杞夫,告诉他一定要在 27 日之前找到"舅舅"传口信"天亮已走,母病危,速转院",万一找不到"舅舅",就去找他岳母,让她设法找到"舅舅",把情况及早报告中央。"舅舅"就是李克农，"天亮"即黎明，指顾顺章，"已走"、"病危"隐喻他已叛变，"速转院"就是要中央立即转移。

在传达口信之后，钱壮飞片刻不停地向附近中央饭店跑去，他要尽快到达那里的长江通讯社，通知安插在这里的同志迅速转移，但该负责人还没有来上班，他用小刀在此人办公桌上的一幅地图上刻了一个"十"字，暗示他赶快通知有关人员逃走。随后，他来到通讯社的发报室，让报务员给天津长城通讯社的胡底发了一封明码电报："潮病重速返。""潮"即钱潮，是钱壮飞曾经用过的名字，只有胡底知道。他和胡底早有约定，这种明码电报是极紧急情况下通知胡底迅速转移的警报。

一切顺利完成后，钱壮飞在隔日清早调整好自己的情绪，随后亲自驾车前往下关接徐恩曾，并一同回到正元实业社。进了办公室后，钱壮飞对徐恩曾说："武汉有急电。"随后，徐恩曾让他将此电破译。译完后，钱壮飞若无其事装作回家休息，从容不迫离开。随后，徐恩曾才发觉，然后派出大批军警堵截钱壮飞，但他早已在上海郊区真如小站下车，绕道进入市区了。在当天下午2时，他找到了李克农，两人一起帮机关"搬家"。

人物心语

就算死，也要为革命事业奋战到底。

——钱壮飞

陈潭秋

陈潭秋——日夜操劳，保证红军粮食供给

☞ **英烈小传：**

陈潭秋（1896—1943 年），共产党创始人之一。名澄，字云先，号潭秋，湖北黄冈人。1920 年组织马克思主义学说研究会。1921 年创办湖北人民通讯社，任社长。7 月，参加中共一大。1923 年 2 月发动与领导了武汉各工团学生组织支援京汉铁路工人罢工斗争。1943 年 9 月 27 日在新疆遭杀害，壮烈牺牲于天山脚下。

1934 年 1 月，由于国民党多次对中央苏区进行"围剿"，并实行经济封锁，中央根据地遭受了不少打击，加上党内王明"左"倾机会主义路线的危害，根据地已经保证不了正常的粮食供给。为了解决这个问题，让每一位根据地的战士和群众都能吃饱饭，中央苏区的政府领导在开了一次大会之后，决定临时成立一个新部门，专门负责粮食工作。危难之际，陈潭秋接到了这个任务，被委任为中华苏维埃共和国中央粮食人民委员，即中央苏区第一任粮食部长。

从那时起，陈潭秋便开始忙前忙后，在详细地思考过后，他决定从三个方面着手开展工作：一是组建各级粮食局，建立健全粮食机构；二是紧急动员机关干部积极参加春季收集土地税和发行谷子公债的突击运动；三是号召开展节省粮食运动。在节省粮食运动中，陈潭秋要求机关干部带头，提出每个人"节省三升米捐助红军"，与此同时还号召群众多种杂粮、蔬菜，以补充粮食的不足。

在这期间，陈潭秋身为领导干部以身作则，除此之外，他还提出中央粮食部全体工作人员在原来节粮的基础上每天每人再节省二两米，还

向其他各机关发出了节粮的挑战。在他的带领下，中央财政部、中央教育部、中央劳动部及各省、县机关等一系列机构都热烈响应这一挑战，并各自提出了应战的具体措施。陈潭秋倡导的节粮措施，让中央苏区的人民群众十分感动，他们感受到了来自党中央的热烈关怀。这时，群众也都团结起来，他们纷纷表示："政府人员一天吃两餐，还节省二两米，我们一天吃三餐，更应当节省米粮，供给前方的红军。"

陈潭秋很得人心。有一次，他带领中央粮食工作队去福建长汀镇为红军征粮。那里的老百姓得知他要来之后，立刻把长汀望江楼对面的原福建省委办公楼打扫得干干净净，等到他来的时候，群众又集体出动，开始载歌载舞欢迎陈潭秋一行。这场征粮行动十分顺利，在群众的大力支持下，征来的粮食很快堆成了一座小山。

其实，当时群众吃的粮食也不够，十分体恤群众的陈潭秋对工作队的其他人员说："为了筹足粮食，支援前线，以保证前方粮食供应，我们要向群众筹粮。但是，筹粮一定要注意从实际情况出发，要注意筹粮不能影响群众的生活，不能让群众挨饿。"这样爱护百姓的提议，得到了大家的一致认同，最后他们决定向群众征购三分之一，借三分之一，退回三分之一。听到这个消息的长汀镇群众都惊喜不已，奔走相告，从此之后，陈潭秋被冠上了"人民的好粮食部长"的称号，一提到他，大家满口都是称赞之词。

尽管陈潭秋担任粮食部长只有八个月，但在这期间，他日夜操劳，勤奋工作，既为红军征得了足够的粮食，也体恤了百姓们的困难。他三次完成艰巨的筹粮借谷的突击任务，保障红军坚持战斗达一年之久，实在是功不可没！

人物心语

不达成功誓不休。

——陈潭秋

毛泽民

毛泽民——红色金融事业开拓者和奠基人

☞ **英烈小传：**

毛泽民（1896—1943 年），中国共产党财经工作领导人，湖南湘潭人。1921 年，在毛泽东的影响下，他毅然离开了韶山冲，走上了革命道路。1922 年 10 月加入中国共产党。1938 年 2 月，先后出任新疆省财政厅、民政厅厅长等职。1942 年 9 月 17 日，被反动军阀盛世才逮捕。1943 年 9 月 27 日，被敌人秘密杀害。

　　1931 年 11 月，瑞金叶坪村召开了中华苏维埃第一次全国代表大会。在会上，毛泽民被任命为国家银行行长。从那之后，他身上的担子更重了。尽管他曾在参与安源路矿工人消费合作社的工作时表现出杰出的理财能力——这也是他坐上国家银行行长位子的重要砝码——但他很快就发现，这个位子并没有那么好坐。因为他需要尽快解决两个重要的问题：缺人、缺钱。

　　当时，国家银行的人手仅仅有五个，他们分别是：行长毛泽民，会计科科长曹菊如，业务科科长赖永烈，总务科科长莫均涛，会计钱希均。更重要的是，他们大多文化水平不高，曾经的经历中与银行业务最接近的就是当过杂货店店员。而他们即将面临的任务却是相当艰巨的：建立一套独立的中央银行体系，统一财政，调整金融，加强苏区经济建设，保障红军作战所需。

　　本来，依照原定的计划，在成立国家银行之后，苏维埃共和国财政人民委员会应该拨款 100 万元，但由于资金匮乏，真正到位的钱数只有 20 万元，最让人接受不了的是，不久之后，这笔钱也被调走了。当时，毛泽民愁得像热锅上的蚂蚁，他吃不好、睡不好，满脑子都在想如何才能让银行运转起来。最终，他想到：每逢红军有重大作战行动时，国家银行便可以组织"没收征集委员会"，随部队到前方筹粮筹款。

次年3月下旬，在党中央的精心部署下，红一和红五军团组成的东路军，以迅雷不及掩耳之势攻克了漳州城。这次，毛泽民也率领没收征集委员会随军来到漳州，筹得了100万元现款，这笔钱成为国家银行的第一笔大额资金。

有了运转资金以后，下一步的重要工作便是发行苏区自己的统一货币。因为在苏维埃国家银行成立之前，苏区流通的货币有江西工农银行的铜圆券，闽西工农银行的银圆券、光洋、国民党的纸币，甚至还有清朝的铜板。货币市场非常混乱。统一货币的想法虽好，但是在国民党的经济封锁下发行货币，十分不易，苏区甚至连印刷纸币的合适纸张都没有。

不过，毛泽民没有放弃，他四处奔走。在他不懈的努力下，苏维埃国家银行第一套货币终于成功发行，票面有四种：1元、2角、1角、5分。纸币上有两个俄文签名：一个是时任国家财政部部长的邓子恢的，另一个就是毛泽民的。临近年底的时候，苏维埃国家银行印制、发行货币65万元，在苏区顺利流通，并扫清了货币市场的混乱。对此，中央领导十分满意，邓子恢当时便评价说："统一货币金融、统一财政，这是毛泽民同志的一大功劳。"

人物心语

决不脱离党，共产党员有他的气节。

——毛泽民

周逸群

周逸群——组建工农革命军，创建湘鄂西苏区

☞ **英烈小传：**

周逸群（1896—1931 年），原名周立凤，贵州铜仁人。中国共产党的优秀党员，杰出的无产阶级革命家，马克思主义宣传家、活动家，共产党军队的早期缔造者之一，湘鄂西红军和苏区创建人。1931 年 5 月，周逸群由洞庭湖特区返回江北汇报工作，途经湖南岳阳贾家凉亭时，遭国民党军伏击，不幸壮烈牺牲。

1928 年年初，在党中央的指派下，周逸群与贺龙动身前往湘西北地区进行革命工作。短短两个多月，他们便在湖南省桑植县洪家关组建了一支拥有约 3000 人的工农革命军。在大家的推荐下，周逸群成了党代表。

紧接着，在周逸群的领导下，这支工农革命军在桑植进行了一场轰轰烈烈的起义。大家同心协力、一鼓作气攻占了桑植县城，没过多久，中共桑植县委和县苏维埃政府便顺利成立。但是时间不长，敌人便大批量地涌入，由于力量悬殊，这次起义只能以失败而告终。当即，周逸群就带着剩卜的工农兵转移到湖北省石首、宜昌，任鄂西特委书记，统一鄂西地区党的领导和军事指挥。他把工作重点放在农村，恢复整顿党与群众组织，开展游击战争，建立农村革命根据地。

到年底时，周逸群已经带着部下成功在洪湖、白露湖以及江南的东山一带开辟了若干小块游击根据地。次年 3 月，他直接运用"你来我飞，你去我归，人多则跑，人少则搞"的游击战术，接连重创国民党军。仅仅半个月的时间，便在江陵、监利、石首等地，打败了诸多国民

党军，并成功夺取了石首县城，打通了洪湖苏区与江南的交通要道。

1930年4月，鄂西苏维埃联县政府正式成立，在众人的推举下，周逸群担任政府主席。7月，红四军与红六军在公安会师，合编为中国工农红军第二军团，并组成中共前委会，周逸群任政委和前委书记。在经过严密的部署之后，周逸群决定与贺龙率部分路进击，这次行动，迅速拔掉了苏区内的许多白点，解放了广大乡村。与此同时，也建立了工农民主政权，更重要的是，他们战争的胜利让洪湖、湘鄂边根据地连成一片，湘鄂西革命根据地形成。同年9月，周逸群代理湘鄂西特委书记，兼联县政府主席。在红二军团主力南征后，国民党趁着这里人手不足，立刻下令重兵"围剿"湘鄂边根据地。在这样极端困难的情况下，周逸群立刻组建了江左、江右军和独立团，并与段德昌同时指挥部队。直面激战对当时的情况而言十分不利，于是在众人商议之后，决定开展机动灵活的游击战。在周逸群的正确领导下，他们相继取得了第一、第二次反"围剿"斗争的胜利，狠狠打击了国民党不说，也保卫了洪湖苏区，壮大了红军和地方武装力量。

这片经过无数战役开辟的湘鄂西苏区是形成较早、规模较大、坚持时间较长的一个苏区。它以洪湖根据地为中心，包括湘鄂边、巴兴归、鄂西北、湘枣宜等几块革命根据地，地跨湘、鄂两省。虽然各个根据地之间并未能连成一片，但都在中共湘鄂西特委和后来成立的中共中央湘鄂西分局、省委的统一领导下，互相配合地进行斗争，构成了湘鄂西苏区的整体。它的开辟，让共产党更加方便作战。随后，在周逸群的领导下，这片根据地在政治、军事、经济、文化建设等方面都取得了重大成就，成为中国工农红军的一块重要战略区。

人物心语

我们共产党员，要像铁一样硬，钢一样强。

——周逸群

叶挺

叶挺——南昌起义前敌总指挥

☞ **英烈小传：**

叶挺（1896—1946年），中国人民解放军创建人、新四军领导人，原名叶为询，字希夷，广东惠州人。1924年加入中国共产党。1927年参与领导南昌起义。1937年出任新四军军长，创建多处抗日根据地。1941年皖南事变后被国民党非法扣押。1946年3月获释，同年4月8日因飞机失事遇难。

1927年4月到7月之间，国民党反动派先后入驻上海和武汉，并且在这两地大打反革命旗号，并大肆屠杀共产党员和那些无辜的人民群众。中共中央立刻行动起来，他们决心粉碎反革命分子破坏中国革命的阴谋。

7月中旬，在汉口召开了一场临时的中央政治局会议，成立了一个由周恩来、张太雷等五人组成的中央临时政治局常务委员会。除此之外，会议还决定要以革命的武装坚决抗击反革命的武装，准备在湘鄂赣粤四省举行"秋收起义"。中央领导指示，叶挺要做好一系列准备，领导手下部队，举行一场南昌武装暴动。当时，叶挺为第11军副军长，兼任第24师师长。

当一切处于准备之中时，第二方面军总指挥张发奎竟然与汪精卫勾结在了一起，他们商量策动反共阴谋，并且以威胁的方式让第二方面军高级军官中的共产党员退出军队或脱离共产党。另外，还想要借上庐山开会为由，趁机解除叶挺、贺龙的兵权，吞掉我党所领导和受我党影响的第20军、第11军的第24师和第4军的第25师等部。

正在他们秘密谋划的时候，第二方面军第4军参谋长、中共秘密党员叶剑英得到此消息，并立刻通知了叶挺，邀约相聚，共商对策。趁着敌人还没有任何的实际行动，叶挺即刻动身，奔赴南昌，开始和五位中央临时政治局常务委员会的成员一起，投身到具有重大革命意义的南昌起义的紧急筹划准备工作中。

7月31日，叶挺在得到前敌委员会书记周恩来的指示之后，便立刻向部下宣告："我军为达到解决南昌敌军的目的，决定于明天四点开始向城内外所有敌军进攻，一举而歼灭之。"当时南昌驻敌有朱培德的警卫团、第3军和第6军的三个团，共一万余人。

不过，这个计划最终还是被第20军的一个营副泄露，于是起义的行动在当夜打响。当起义的红色信号亮起的时候，叶挺一声令下："将士们！冲啊！给我杀个片甲不留！"听到命令的将士们立刻拿起手中的武器，向敌人发起猛烈的进攻。一时间，各个预定攻击地点枪炮声大作，杀声震天，敌人很快就抵挡不住，开始四处乱窜。经过四个小时的激战，起义军终于在天亮之前，把南昌城内的敌人全部歼灭，这场起义一举成功，奏响了中国共产党独立领导武装斗争的高亢序曲。

起义胜利的当天，起义军以叶挺的名义公开发表了《告第二方面军同志书》，号召革命军人团结起来，共同为打倒反革命分子和帝国主义列强及新旧军阀等一切恶势力而努力奋斗。没过几日，叶挺奉命撤离南昌，踏上艰难曲折的南下广东征途，准备到广东重建革命根据地。

人 物 心 语

地下的火冲腾，把这活棺材和我一齐烧掉，我应该在烈火和热血中得到永生！

——叶挺

彭湃

彭湃——地主阶级"逆子"，农民运动大王

☞ **英烈小传：**

彭湃（1896—1929 年），中国农民革命运动先驱、海陆丰革命武装和苏区创建人，广东海丰人。出身于一个工商地主家庭。1921 年加入中国社会主义青年团，1924 年转入中国共产党。1929 年 8 月 30 日在上海龙华与杨殷、颜昌颐、邢士贞四人同时英勇就义。

1921 年，奉上级领导之命，彭湃走出城市，深入乡下开始向农民进行革命宣传。刚来到农村的时候，由于他穿戴十分整洁讲究，那些村民见了他以后都把他当成了收租讨账的人，于是纷纷躲着他。后来，他也意识到自己这样的穿着有些不妥，于是就换了一身行头。他戴上了竹笠，脱了鞋，光着脚板，主动亲近那些农民，渐渐地，大家对他萌生了好感。

在深入了解村民之后，彭湃意识到要想搞好革命并不能仅仅停留在口头上，必须要有实际行动才行。他想要建立一个公平正义的世界。那么该怎么做呢？思前想后，他觉得要想实现自己的理想，那么第一步就应该是将自己的土地财产分割出去。

后来，家中兄弟分产自立后，彭湃第一时间就把自己分得的田契分发给了佃户们。这种做法虽好，可是那些佃户们都不敢要。在大多数佃户拒绝之后，彭湃当着众人的面，将自己的那些田契全部付之一炬，并宣布："日后自耕自食，不必再交租谷。"

彭湃烧田契的行动，在那些视土地为命根的农民眼里，是一件惊天动地的大事，很快，他的革命行动就传遍了海陆丰（汕尾市的旧称）大地，

农民一致承认彭湃是"真革命"。此后，彭湃就得到了农民的拥护，大家都推举他当农会的首领。就这样，农会组织开始迅猛发展起来。

直到 1923 年元旦，海丰总农会在大家一致认可下，终于宣告成立，彭湃当之无愧被选为会长，此后，他便开始积极领导农民开展反对恶霸地主加租易佃的斗争。同年 4 月，彭湃协助成立"陆丰县农会筹备会"。5 月，海丰总农会改组为惠州农民联合会，他任会长。很快，农会组织发展到潮汕、兴梅一带，出现了以海丰为中心的粤东农民运动高潮。不久，广东省农会成立，彭湃被推选为执行委员长。

随着农会组织的不断发展，农民的革命意识越来越强烈，相互之间也越来越团结。到了 1924 年 10 月，彭湃又带领着手下的农会成员，策划成立了广宁农民协会，并建立了县农民自卫军。之后，还积极指挥农民自卫军与孙中山大元帅府的铁甲车队和那些地主们进行武装斗争，由于大家团结一致，最后斗争取得了革命性的胜利。这场胜利，有力地推动了当地的减租运动。在一次又一次的农民运动活动中，彭湃总结出了不少的实践经验，并利用这些经验指导农运深入发展。

1927 年 10 月 30 日，在彭湃的指挥领导下，海陆丰农民为了反抗国民党的屠杀政策，举行了第三次大规模的起义，他们英勇反抗，最终赶跑了国民党反动派，夺取了政权。随后，彭湃先后召开了陆丰和海丰两次工农代表大会，最终，宣告海陆丰苏维埃政府建立。这是广东省第一个红色政权。尽管在敌人的疯狂反扑下，海陆丰苏维埃政权仅存在了四个多月，但是它还是有不可磨灭的意义，因为它为以后红色政权的建设在理论和实践上都积累了丰富的经验。

人物心语

只要我还有一口气，我就要为共产主义事业奋斗到底！

——彭湃

王若飞

王若飞——带领包头人民进行革命斗争

☞ **英烈小传：**

王若飞（1896—1946 年），中国共产党早期杰出的无产阶级革命家，贵州安顺人。1922 年 6 月，与赵世炎、周恩来等发起成立"旅欧中国少年共产党"，积极从事马列主义的宣传。1923 年转为中国共产党党员。1946 年 4 月 8 日，王若飞乘飞机回延安，因飞机失事不幸遇难。

1931 年 7 月，中共中央建立中共西北特委，委任王若飞为特派员，让他去负责开展陕、甘、宁、晋、绥等地的土地革命和民族解放斗争。两个多月之后，王若飞化名黄敬斋，以皮毛商的身份抵达包头。到达包头之后，他便和中共西蒙工委书记乌兰夫进行了一次沟通，在了解当地情况之后，他便提出了开展西部地区四十八旗的工作计划。

没过几日，共产国际中国代表团发来电报。根据电报上的指示，王若飞制订了在内蒙古（绥远）的工作计划："一、按着反对帝国主义、中国国民党军阀，实现解放的原则，实行民族革命运动和民族自决，民族独立；二、组织西北各级党组织，领导西北农民反对帝国主义屠杀及国民党军阀压迫与地主剥削，实行土地改革；三、以宁夏为工作中心开展军事工作，组织游击队，逐步转变为红军，军事行动的第一步就是打通西北路线。"

为了实现这一目标，王若飞提议筹备外围组织"内蒙古平民革命党"。

在下达一系列的指示后，根据工作计划，王若飞也开始有所行动。首先，他派人到铁路沿线和大青山下组织群众进行抗捐抗税斗争，又亲自去五原县一带检查、布置工作。他了解到，1930 年前后，绥远地区连续三年遭受大旱，而国民党政府不顾人民死活，变本加厉地增加苛捐杂税，尤其是征收"锅厘税"，这让广大农民群众十分不满。王若飞抓住机会，带领当地农民开展了抗"锅厘税"斗争。在大家的齐心协力下，最终将那些狐假虎威的差役赶走了，"锅厘税"也被废除了。

接下来的一段日子，王若飞以请客为名义，在包头绥西宾馆召开座谈会，还与三德胜（三喇嘛）一起赴五原等地了解农民状况和党的工作。在会上，王若飞提出了自己最关心的问题，那便是开展武装斗争。想要将武装斗争开展起来，那么首先得将包头驻军"老一团"作为争取重点。"老一团"成立于 1904 年，是土默特蒙古族地方武装。1914 年，改为绥远骑兵游击队。1923 年，改编为绥远骑兵补充团，俗称"老一团"。国民革命失败后，"老一团"掩护过不少中共党员。王若飞对乌兰夫说："这是一支很重要的力量，只要你们始终重视武装工作，抓紧不放，坚持下去，积蓄力量，将来定会出现一个新的局面。"

王若飞为革命工作尽心尽力，他经常深入穷困的农牧民当中，唤醒他们斗争的觉悟，鼓舞大家的斗志。随着工作不断深入，包头地区的农民军越来越团结。后来，王若飞在一次工作中不幸被捕入狱，在五年多的牢狱生活中，他仍不忘宣传自己的革命理论，还曾鼓励一个连汉语也讲不好的蒙古族青年进行武装斗争，并教他学习认字，后来代表党组织接受了他加入中国共产党。

人物心语

我生为真理生，死为真理死，除了真理，没有我自己的东西。

——王若飞

谢子长

谢子长——领导陕北苏区成功反"围剿"

☞ **英烈小传：**

谢子长（1897—1935 年），陕北红军和苏区创建人，陕西安定人。1925 年加入中国共产党。1934 年任陕北红军游击队总指挥部总指挥。1935 年任中共西北工作委员会委员和西北革命军事委员会负责人，指挥部队粉碎了国民党军对陕北苏区的"围剿"。谢子长在长期征战中多次负伤，于 1935 年 2 月 21 日逝世。

1934 年的夏季，在谢子长的带领下，陕北红军和陕北根据地正处于不断发展的时期，没想到这时，蒋介石指派国民党陕北军阀井岳秀，对陕北根据地发动了第一次反革命"围剿"。在国民党行动之际，谢子长带领陕北游击队第一、二、五支队及赤卫军南下和陕甘边苏区红 26 军顺利会师。之后，便立即召开了一场会议。会议上，谢子长被任命为红 26 军 42 师政委，并指示他立即率领陕北游击队南下。

当他到达陕甘边苏区之后，受到了当地党政军民的热烈欢迎和亲切慰问。在那里，陕北游击队参观了荔园堡红军军政干部学校，了解了当地的情况，并收到了中国工农红军陕甘边区军委赠送的 30 多支步枪。半个多月之后，谢子长带领红 42 师三团和陕北游击队快速回到安定，筹备对抗国民党的"围剿"。这次对陕北苏区"围剿"的主力是陕北军阀井岳秀的第 86 师和各县民团，总兵力万余人。敌军在全面"驻剿"的同时，还派出"追剿"部队，向我军根据地安定地区袭来。

几天过后，国民党率领一个连的人开始对陕北根据地进行攻击，他们窜入了景武塌地区，妄图对我军进行"清剿"。在分析敌情之后，谢子长立刻召集红三团和一、二、五支队的领导，开始共同探讨战斗部署，商讨决定由王世泰率领红三团担任主攻，贺晋年带领一、二、五支队助攻。几日后的清晨，王世泰一声令下之后，红三团的战士们便从景武塌北面山头上冲下来，以迅雷不及掩耳之势占领了景武塌的脑畔山。随后，其他部队也赶紧跟进配合。经过一番激战之后，敌人死伤无数，一个连的人就这样被消灭了。战斗胜利后，将士们都笑得合不拢嘴，这次胜利，不但给了敌人沉重的打击，吓得那些小股敌人都躲了起来，安定县的革命形势也开始大为好转，根据地在不断扩大，许多村庄都"红"了起来。

稍加休整之后，谢子长又决定趁热打铁，主动出击，直刺敌人心脏，于是带领红三团和陕北游击队总指挥部开始连夜前进，直奔敌人"围剿"军的大本营。几日后，谢子长率指战员在绥德张家圪台一举歼敌两个排，击溃一个增援连。随后，谢子长片刻不停，又率军沿无定河南下，第二天晚上，又在清涧县河口镇偷袭了驻扎在那里的敌军。敌人毫无防备，遭受重创，实在抵抗不住，只好弃掉河口镇，纷纷朝不远的清涧县县城逃去。这场偷袭战终于使我军顺利拔掉了黄河边上的"钉子"。

此后，谢子长又连续指挥领导了诸多反抗"围剿"的战斗，因为他实事求是地执行上级的指示，正确地制定和执行了打破敌人"围剿"的方针和作战计划，终于彻底粉碎了军阀井岳秀对陕北根据地发动的第一次反革命"围剿"，稳定了陕北苏区局势，使陕北红军游击队和革命根据地得到了进一步的壮大发展。

人物心语

胜败是兵家常事，关键要吸取教训，继续坚持再干起来！

——谢子长

赵博生

赵博生——"我死国生，我死犹荣"

☞ **英烈小传：**

赵博生（1897—1933 年），中国工农红军高级指挥员，原名赵恩溥，河北黄骅人。1917 年毕业于保定陆军军官学校。1924 年到 1931 年在冯玉祥部及国民革命军第 26 路军任职。1931 年加入中国共产党。1931 年 12 月领导宁都起义，后参加红军，任红五军团参谋长兼 14 军军长。1933 年 1 月牺牲。

1933 年年初，国民党军聚集四个师的兵力，分两路向江西资溪、金溪、南城苏区进犯。林彪在得知这个消息之后，立刻命令红五军团即刻出发，去阻止国民党军的进犯。接到命令之后，董振堂立即指挥四个团前往长源庙一线，去那里拦截国民党军。这时，刚刚伤愈的赵博生站出来，说一定要和他一起去战斗，董振堂拧不过他的脾气，于是他们便一起动身前往长源庙。

一切部署完毕后，1 月 8 日凌晨，周至柔师出现在长源庙一带。他们一边盲目地开炮，警戒着红军，一边探头探脑地向红军阵地逼近。过了一会儿，赵博生见敌人已经走进红军将士的射程内，便一声令下。得到命令的将士们开始射击，雨点般的子弹狠狠地射向那些国民党军，打得敌人措手不及，队形开始大乱。不过，在周至柔的指挥下，那些国名党军又很快清醒过来，重新纠集在一起，拿起手中的枪，开始疯狂地向红军射击。敌我双方展开了激烈的交锋，霎时间，阵地上硝烟弥漫。这时，赵博生赶紧用望远镜细致观察战斗情况，并及时调整兵力部署，顶住了敌人一次又一次的猛烈进攻。

战斗越来越激烈，在打了几个回合之后，国民党军终于摸清坚守阵地的红军明显少于他们。因此，他们开始狡猾地寻找突破口。上午11点，敌人集中炮火猛轰一阵后，潮水般涌向右翼的135团阵地。由于实力悬殊，135团虽顽强抵抗，但最终还是寡不敌众，前沿阵地失守了。当即，赵博生就命令预备队跑步增援，特务连直插前沿阵地，无论如何都一定要把敌人压下去，夺回前方阵地。趁着敌人还没有稳定下来，红军的冲锋号就吹响了，特务连这些久经战场的老兵，一个个都有十分丰富的作战经验，加之装备精良，经过一番苦战，135团阵地又重回我军手里。

没过多久，国民党军又开始猛扑上来，这次他们用两个团的兵力分两路向135团进攻。这时，赵博生借助山地特点，指挥部队连开火炮，用强火力把敌人压挤在山沟里，这样，他们便无法进攻。如此连续地反击，给了敌人重创，但敌人并没有败退，反而更加疯狂地向阵地冲来。到了下午，红军战士的子弹都已经用完，敌人占领了135团阵地，并开始实施分割包围。但是，红军战士没有退缩，他们开始拿起手中的大刀，与国民党军展开短兵相接的肉搏战，担任救护的游击队员也同战士们一道用大刀砍、石头砸，大石头扔完了就扔鹅卵石。就这样，战斗开始白热化，赵博生在与敌相距仅百余米的地方，指挥着这场殊死的战斗。突然，一颗子弹飞来，击中了他的右额，他重重地摔倒在地，壮烈牺牲。

战争一直持续到傍晚，敌我双方都死伤无数，但国民党军始终未能突破整个阵地。赵博生和他的战友们以英勇无畏的牺牲精神同敌人浴血奋战，顶住了数倍于己的敌人的疯狂进攻，为整个战役取得胜利做出了重大贡献。

人物心语

我死国生，我死犹荣，身虽死精神长生，成功成仁，实现大同。

——赵博生

罗炳辉

罗炳辉——三反"围剿"立奇功

☞ **英烈小传：**

罗炳辉（1897—1946 年），中国工农红军和新四军高级指挥员，云南彝良人。1915 年入滇军当兵，作战勇敢，从士兵升至营长，参加了讨袁护国战争、北伐战争。1929 年 7 月秘密加入中国共产党，同年 11 月在江西吉安领导靖卫大队士兵起义，参加中国工农红军。1946 年 6 月 21 日在山东临沂病逝。

1930 年 10 月，在蒋介石的指挥下，国民党江西省政府主席鲁涤平开始率领自己旗下的部队"围剿"中央苏区和红一方面军。这时，毛泽东提出了"诱敌深入"的战略方针，对此，红 12 军军长罗炳辉十分支持。

12 月中旬，敌人在详细部署后，开始兵分三路，准备一举"围剿"中央革命根据地。按照中央意图，罗炳辉故意示弱，他带领红 35 师从藤田出发，边打边退，执行诱敌任务。就这样，敌人被罗炳辉牵着鼻子走，一直到达龙冈，成为瓮中之鳖。当一切准备成熟，罗炳辉开始"关门打狗"，一举活捉张辉瓒及第 53 旅旅长王捷俊，歼敌九千余人。战斗胜利后，罗炳辉立刻率红 12 军担任中路军追击溃逃的敌中央纵队谭道源部，在东韶又歼敌一个旅。敌左路纵队毛炳文慑于红军威力也悄悄撤退。到此，红军取得了第一次反"围剿"的伟大胜利。

没过多久，蒋介石在稍作调整之后，又开始发动第二次大规模"围剿"，企图三个月内消灭红军，彻底搞垮中央革命根据地。由于吸取了第一次"围剿"的教训，敌军不敢长驱直入，各路进攻之敌都开始实行

"步步为营，稳扎稳打"的策略。

在了解敌军策略后，罗炳辉遵照上级指示，佯装主力，率一支小分队机智神速地在敌几个纵队之间四处穿插，开始迷惑敌人。敌人看这阵仗，以为我军主力就在附近，便集中主力围攻。战争持续到晚上，罗炳辉利用夜色的掩护带领部队从容跳出敌人的包围圈。

当敌人渐渐逼近，发现空无一人的时候，才知道上了大当，但为时已晚。我军主力利用罗炳辉迷惑敌人赢得了时间，完成了对敌人的合围，直杀得敌人鬼哭狼嚎，狼狈不堪。随后，罗炳辉又立即率红 12 军主力，袭占沙溪，乘胜连克广昌、建宁，横扫千军，又取得了第二次反"围剿"的胜利。

两次"围剿"失败，彻底激怒了蒋介石。于是，1931 年 6 月，他又开始指挥第三次"围剿"。这一次，罗炳辉佯装主力军迷惑敌人，连打三仗，都取得了胜利。没过几日，蒋介石发现主力军东移，于是想要采取密集大包围的态势，一举全歼红军主力。这一次，罗炳辉又想出用"拉开距离，打开旗帜"等方式，佯装主力军迷惑敌人。就这样，罗炳辉以聪明才智，率领部队披荆斩棘，翻高山，走险崖。而行装笨重的敌人则被拖得精疲力竭。此时，敌人才发觉上了当，而面对经过休整、士气旺盛的红军，无可奈何，只好乖乖撤退。红一方面军抓住战机，展开追击战，一举击溃敌七个师，彻底粉碎了敌人的第三次"围剿"。

人物心语

人生最快慰的是真正勇敢地牺牲个人的一切利益，最热诚努力地为民族独立、自由、解放而斗争。

——罗炳辉

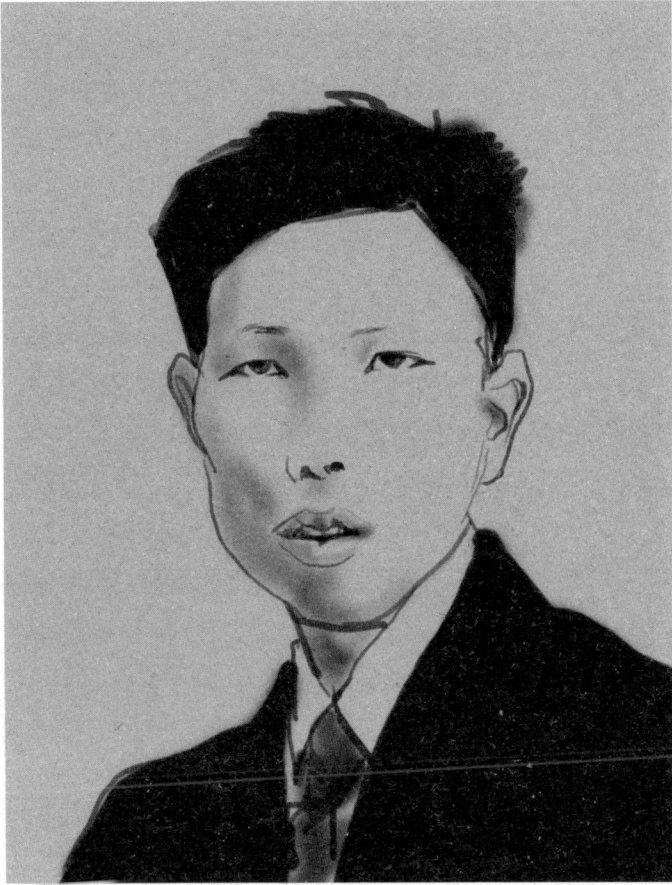

黄公略

黄公略——反"围剿"中的"飞将军"

☞ 英烈小传：

　　黄公略（1898—1931 年），中国工农红军高级指挥员，湖南湘乡人。1926 年参加北伐战争，同年年底入黄埔军校高级班学习。1927 年加入中国共产党，同年参加广州起义。1928 年参与领导平江起义。曾任中国工农红军第五军副军长、第三军军长。在中央革命根据地三次反"围剿"战役中屡建战功。1931 年 9 月在战斗中负伤牺牲。

　　1931 年 1 月，蒋介石亲自赴赣组织 20 万大军，准备再次对中央苏区和红军进行"围剿"。在分析根据地内歼敌的各种有利条件后，毛泽东决定第一仗要用奇兵制胜。20 多天过后，国民党军王金钰、公秉藩两师开始兵分两路向东固进发。其中公秉藩部经中洞、桥头冈、山坑向东固进击。得到消息后的红军总司令部，便命令红三军先行出发，尽快占领白云山一带，之后向桥头冈一线攻击前进。

　　行动的前一晚，红三军军长黄公略没有按时休息，而是拿着一张作战地图，寻找合适的行军路线。看了一会儿之后，他发现中洞这个地方是从富田到东固的必经之地，要是能在此设伏的话，那么就有全歼敌军的可能。但是，以现在的形势，即便明日出发，想要赶在敌军之前到达那里也很困难。这时，他忽然想到：如果能走捷径就好了！可是他看了半天地图，也没找到一条捷径。就在这时，毛泽东来了，原来两个人竟想到了一起。

　　为了找到捷径，他们两人立刻动身去附近的村子里找向导。走了一会儿，已临近半夜，他们终于看见了一个村子，随即走了进去，敲开了一位老人的家门。询问过后，老人告诉毛泽东："其实在大路的南边，有一条地图上没标的小路，只要一直往西走便可以直达中洞。要是走这条小路，那能比走大路节省小半天的时间呢!"

听完老人的话，两个人立刻回到军部，毛泽东兴奋地说："这下好了，让三军改道，沿这条小路，先敌占领中洞附近的制高点，隐蔽待敌，而后关门打狗!"随即，由老乡带路，黄公略率领红三军抄小路火速前进，天刚蒙蒙亮的时候，他们就已经到达中洞南面的高山上，并很快部署好兵力，居高临下，等着国民党军的出现。

上午十点多，不远处传来一阵阵的脚步声，公秉藩的部队开始进入黄公略的视野。根本没料到这里有埋伏的国民党军，不向两边山上搜索，只顾朝大道前进，低着脑袋往"口袋"里钻。当公秉藩部后尾全部进入中洞后，黄公略立刻下令，红军开始冲锋。正在行军的敌人遇到如此迅猛的侧面突袭，惊慌失措，狼狈逃窜，敌第 38 师大部分被歼。那些被俘虏的官兵惊呼："红军是从天上飞下来的呀!"而公秉藩趁着慌乱，独自一人逃走了，捡回一条命，之后奔往吉安。而在另一边，红三军还和红四军配合，也几乎同时消灭了王金钰的第 47 师。至此，白云山战斗胜利结束。这一仗，红军又一次出奇制胜，气得蒋介石大骂部属无能。

不久，毛泽东写了一首词《渔家傲·反第二次大围剿》，称赞这次战斗："白云山头云欲立，白云山下呼声急。枯木朽株齐努力，枪林逼，飞将军自重霄入。"黄公略和红三军赢得了"飞将军"的美誉。

人物心语

人类总是要由黑暗走向光明的，我愿做这只追逐光明的太阳鸟。

——黄公略

杨闇公

杨闇公——"头可断，志不可夺"的共产主义战士

☞ **英烈小传：**

杨闇公（1898—1927 年），中国共产主义运动先驱，四川党团组织主要创建人，四川潼南人。1920 年加入中国社会主义青年团，与吴玉章等在四川从事革命活动。1924 年 1 月，秘密组织中国青年共产党。1925 年，取消中国青年共产党，加入中国共产党。1927 年，"三三一惨案"后不幸被捕。1927 年 4 月 6 日牺牲。

1927 年 3 月末，中共四川地方委员抵达重庆之后，准备举行一场革命群众大会，抗议国民党独裁、四川军阀刘湘出卖祖国以及帝国主义炮轰南京的罪行。

大会前几天，杨闇公已经猜测到敌人会想方设法破坏会场，但他并不畏惧，还是坚持举行群众大会进行斗争。大会开始之后，杨闇公正在进行演讲，封建军阀刘湘、王陵基、蓝文彬等一干人等率领部下冲进人群，开始对到会的革命群众进行野蛮的大屠杀。

会场上一片大乱，这时，杨闇公灵活地越墙而过，可是国民党军还在身后紧紧追赶，眼看就要追上的时候，他躲进一户贫苦居民家中，藏身于一老式大床下，双手抓住床杠，两脚蹬在床沿上，身子紧贴床底。紧随而来的国民党军拿着大刀猛朝床下刺去，但终未发现，杨闇公这才脱离了危险。

第二天，杨闇公决定到武汉去向党中央汇报请示工作。所有人都劝

他："你现在应该暂时避一避。"但是，杨闇公声泪俱下地说："敌人如此残酷，群众死得这么惨，革命一刻也不能停顿，我岂能顾及个人安危!"说完，就立刻收起党的机密文件，动身启程去武汉向党中央报告情况。

次日，杨闇公本已上了"和平轮"，但发现有特务跟踪后，当夜没有走成。隔了一日，他又上了一艘去武汉的"亚东轮"。但没想到，由于叛徒杜秉愚告密，船起锚行至江心，忽然停下。这时，十余只小船和一艘快艇瞬时将轮船围住，特务纷纷跳上船来。这些特务不由分说地质问杨闇公，并想拉他脱离组织，加入国民党。杨闇公斩钉截铁地说："你们国民党反动派是个什么东西，你们是一伙凶恶的强盗，无耻的卖国贼，你们眼看就无立锥之地了。"这句话彻底激怒了那些特务，就这样，杨闇公被强行抓走了。

杨闇公被关押在重庆浮图关军阀蓝文彬的司令部里，那些残忍的特务们用尽心机，妄想使他屈服，但是无论用怎样的酷刑，杨闇公都誓死不屈，慷慨激昂地痛斥敌人的卑鄙无耻，揭露敌人的阴谋诡计。敌人被气坏了，于是割下他的舌头，挖去了他的双眼，之后又砍断他的双手，即便是这样，他仍旧不肯屈服，最终，几日后的一晚，累得精疲力竭的敌人，对着他的胸口连射了三枪。就这样，杨闇公为了党和人民的事业，流尽了最后一滴血，献出了他年轻的宝贵生命。

人 物 心 语

你们只能砍下我的头，可绝不能丝毫动摇我的信仰。我的头可断，志不可夺!

——杨闇公

项英

项英——为京汉铁路工人伸张正义

☞ 英烈小传：

项英（1898—1941年），中国工农红军和新四军领导人，原名德隆。化名江俊、江钧。湖北武昌人。1922年，加入中国共产党。1931年后，任苏区中央局代理书记、中华苏维埃共和国临时中央政府副主席等职。红军主力长征后，任中共中央江西分局书记，在赣粤边坚持游击战争。1941年1月，在国民党反动派发动的皖南事变中，被叛徒杀害。

1923年2月，在大家的一致推举下，项英任京汉铁路罢工委员会总干事。随后，他便开始领导京汉铁路工人罢工。那些京汉铁路的工人们大喊着："还我人权！还我自由！"为了扩大其影响，项英还指挥工人纠察团护厂巡逻，保卫总工会的安全，维持罢工秩序。那些军警们见工人们罢工，便动用武力，开始对他们进行抓捕。项英在得知消息后，不顾个人安危，第一时间就代表工人挺身而出，前往交涉。那些工人们都紧紧跟在他的后面。面对军警，项英毫不畏惧，他大声说："你们没有理由随意抓捕工人！快将他们放出来！"谁知，那些军警不仅没有放人，还强行将项英扣留，并以枪威胁他说："你现在就让他们开工，否则我就一枪毙了你！"但项英坚强不屈，毫不畏惧，他义正词严地怒斥道："在没有答应我们的要求之前，休想让我们妥协，我是绝对不会让他们开工的！"

第二天，工人们为援救项英，早早就前往军营，包围了那些军警。工友们在外面持续不断地喊着："还我项英！还我项英！"那些军警思考了一阵后，终于放了项英。看到项英从军营走出的那一刻，工友们都欢呼起来。在回到工人队伍中后，项英决定要更彻底地反抗强权，于是在精心准备之后，他开始带着工人们游行示威，队伍"由江岸经过租界以抵华界，历时两小时许，沿途加入三千多人，所过商民多呼欢迎，巡捕岗警无敢阻拦者，此种情形实为仅见"。项英一直昂首走在游行队伍的前列。

2月7日，北洋政府直系军阀吴佩孚、曹锟等派大批军警分别在长辛店、郑州和武汉江岸等处进行血腥镇压，工人被杀40多人，伤200多人，被捕60多人，遭开除1000多人。随后，项英率100多名工人纠察队员冲进江岸车站，准备抢救林祥谦和被捕的工人，但寡不敌众，未获成功，林祥谦等烈士壮烈牺牲。

没过多久，民国议会众议院在北京开会，讨论议员胡鄂公等人提出的弹劾吴佩孚、萧耀南的议案。许多议员故意为军阀开脱。胡鄂公愤然说："有个年轻人是从这次屠杀的血尸中爬出来的，此人就在门外，不妨请他进来报告他的亲眼所见。"他说的这个年轻人就是项英。随后，项英就迈着坚定的步伐走进会场，向国会控诉军阀镇压工人的血腥暴行。他的控诉，让那些刚才还为军阀开脱的议员哑口无言，让正义得以伸张。

尽管这次罢工失败了，但是丝毫没有影响项英组织工人运动的热情和信心，反而在这次罢工斗争中，他更加明白只有坚持斗争下去，才能迎来国家的新希望。在这次斗争中，他的意志变得更加坚强，此后，他继续在武汉和上海等地坚持开展工人运动，并由此推动了全国工人运动的发展进程。

人物心语

要提起精神，努力奋斗，争回人格，宁死不屈，为工人争口气，为天下工友争口气！

——项英

何孟雄

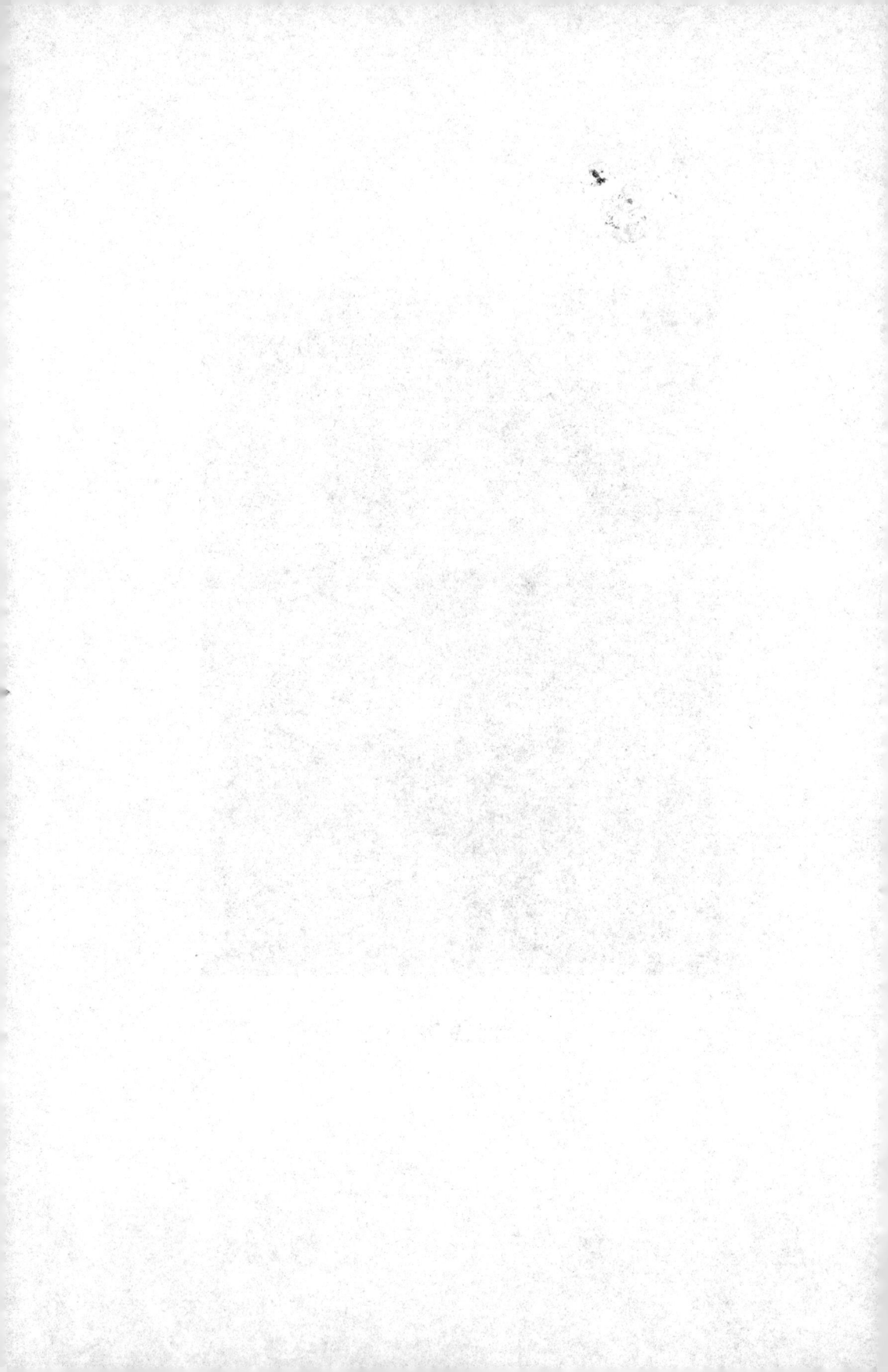

何孟雄——领导京绥铁路工人运动

☞ **英烈小传：**

何孟雄（1898—1931年），原名定礼，字国正，号孟雄，湖南酃县（现炎陵县）人。中国共产党创始人之一，北方工人运动领袖。中国共产党第三次全国代表大会代表。1921年7月，中国共产党成立，何孟雄是全国最早的五十余名党员之一。1931年1月，何孟雄在上海被捕，2月7日英勇就义。

1921年12月，在得到中央指示后，何孟雄开始行动起来，接连奔赴张家口、南口等地去考察京绥铁路工人运动。在考察结束后，他即刻动身回到北京，精心撰写了《京绥路六日游记》，并发表在第27期《工人周报》上。

1922年春，何孟雄又接到新的任务，随即动身来到张家口，开始组织铁路工人运动。为了能更好地深入工人群体之中，何孟雄干脆就住在了工人宿舍里，一有时间，他就会和工人们谈心，讲故事，读报，论时事，传播马列主义，启发工人觉悟。工人们文化知识有限，所以有时并不理解他所说的话，为了解决这个问题，何孟雄在京绥铁路工人中创办了工人夜校。工人夜校名义上是补习文化，实际上是党向工人群众进行马列主义教育，组织工人进行革命的阵地。

1922年6月，交通部总长高恩洪与美国太康洋行签订了以京绥铁路抵押外债的《展期合同》，实际上是允许美国公司控制京绥铁路经营权。消息传出之后，全路工人都十分愤怒。他们想即刻找交通部总长讨个说法。随后，何孟雄开始行动起来，他先是发动京绥铁路车务工人，清除了旧同人会的工头。随后成立了只有工人参加的新的车务工人同人会，工人们推举李连升为总会会长，何孟雄为秘书长。在何孟雄的具体帮助下，京绥铁路其他段、站也先后组织成立了分会。从此，京绥铁路工人运动进入了一个新的阶段。

8月6日开始，在何孟雄的带领下，轰轰烈烈的"救国护路"运动开始了。车务工人同人会派代表到北京铁路总局请愿、呈文，并发表了《京绥路同人会反对交通部丧权之宣言》。随后，又举行了由五百余人组成的请愿队伍，示威游行。在何孟雄和工人们的共同努力下，交通部顶不住重压，于是只能妥协，撤回了原来已签订的合同。这次斗争取得了胜利，所有工人都振臂欢呼。

10月26日，为了改善工人生活待遇，京绥铁路车务同人会派代表向路局请愿，要求尽快补发欠工人的八个月的薪金，并提出了11条要求，限局方24小时内答复，不然就罢工。铁路当局拒绝了工人的要求。在无法解决问题的情况下，车务同人会决定带领工人们进行罢工。

次日一早，在何孟雄的指导下，一千五百多名工人聚集在张家口车站，工人们斗志坚强，团结一致，组织了宣传队、纠察队和敢死队。当局政府用尽各种方式去打压，但是都没有成功。最后工人代表去北京与交通总长高恩洪谈判。由于工人们态度坚定，高恩洪知道已没有劝服的可能，最终只能答应了工人们提出的要求。由此，京绥铁路车务大罢工终于取得胜利。这次工人运动扩大了中国共产党在内蒙古地区的影响。

人物心语

当年小吏陷江州，今日龙江作楚囚。万里投荒阿穆尔，从容莫负少年头。

——何孟雄

张太雷

张太雷——广州起义，反击白色恐怖

☞ **英烈小传**：

张太雷（1898—1927 年），江苏武进人，中国共产党早期的重要领导人，是中国共产主义青年团的创始人之一和青年运动的卓越领导人，是广州起义的主要领导人。1925 年 1 月，中国社会主义青年团改名为中国共产主义青年团，张太雷当选为总书记。1927 年 12 月，他在广州起义战斗中被敌人枪击身亡。

1927 年 11 月，张太雷回到广州之后，秘密召开了一次有部分省委常委参加的会议。这次会议的主要目的就是为广州起义做好详细的准备工作。在大家商讨之后，最终决定先将张发奎的粤军主力调往肇庆、梧州一带。之后，趁着兵力薄弱的有利时机，让第四军教导团和警卫团一部以及工农武装联合在一起，于 12 月 12 日举行武装起义。确定起义时间后，又任张太雷为委员长，黄平、周文雍为革命军事委员会的委员，负责领导起义。

本来一切计划妥当，没想到的是，向来敏感的国民党第四军军长张发奎对起义的计划有所察觉，准备解散教导团，并开始在广州实行戒严，并调其主力部队赶回广州。预料到情况有变的中共广东省委，只好改变计划，决定提前于 11 日凌晨举行起义。

12 月 11 日 3 时许，在张太雷的领导下，教导团全部、警卫团一部和工人赤卫队七个联队和两个敢死队共三千余人，分别从不同的方向开始对广州市各要点发起突袭。除了他们之外，广州市郊芳村、西村等地的农民也都联合起来，参与了这场起义，他们冲进市区配合起义军的行动。

经过十多小时的战斗，起义军民歼灭市区守军大部，攻占市公安局、国民党广东省政府等重要机关。战斗结束之后，当日上午，广州市苏维埃政府当即宣告成立，并由中共中央临时政治局常委苏兆征为主席，但是由于他未能到职，便由张太雷临时代理。

次日一早，在英、美、日、法等帝国主义的军舰和陆战队支援下，张发奎所部三个多师和在市区的残部，在休整之后，又开始向起义军进行猛烈反扑。没有预料到的起义军，一时间有些混乱，但随即就调整好部署，开始前仆后继，和国名党军浴血奋战。

战争中，张太雷根据敌情指挥着手下的部队，并且在关键时刻，冲到了前面去，随后被一名国名党军的子弹击中，倒下的那一刻，他还不忘鼓励部队的将士们要勇敢杀敌，拼到最后一刻。随后，他就倒在了血泊里，壮烈牺牲了。除了他之外，还有很多重要的共产党员也在此次战斗中英勇牺牲。

由于敌众我寡，到了夜间，我军已经死伤无数，起义军总指挥部立刻就下达了撤出广州的命令。第二日清晨，起义军余部一千余人撤出广州。国民党军重占广州后，对未来得及撤离的起义军、工人赤卫队和拥护革命的群众，进行了血腥的镇压，惨遭杀害者超过5000人。

广州起义，是对国民党反动派叛变革命和实行白色恐怖的又一次英勇反击，是在城市建立苏维埃政权的大胆尝试，在国内外都引起了很大的震动。这次起义虽然失败了，但起义军民英勇顽强、不怕牺牲的精神，给了中国人民以新的鼓舞。

人物心语

只有走十月的道路，才能救中国。

——张太雷

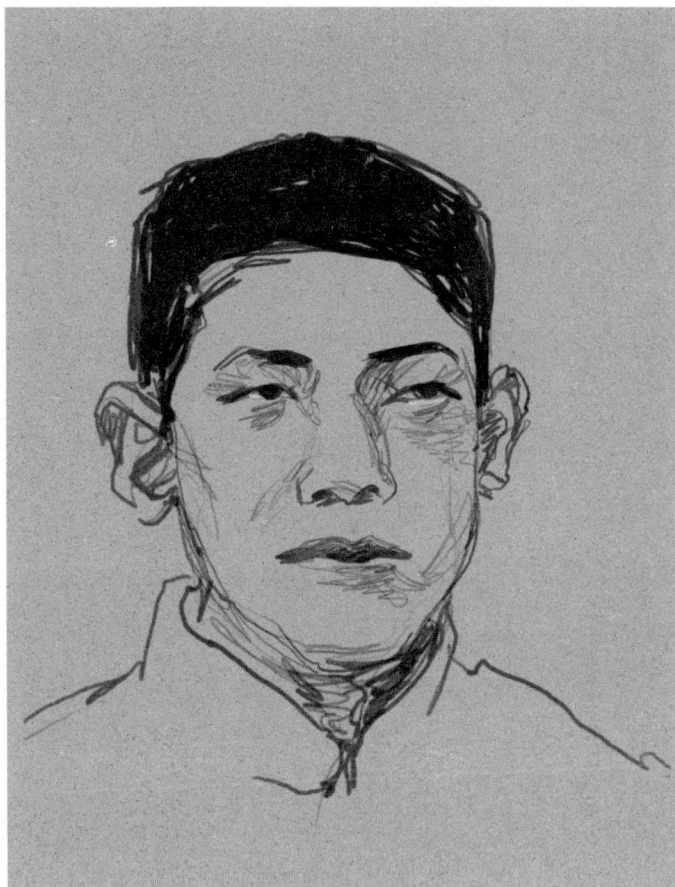

宣中华

宣中华——"一师风潮"，挫败反动派阴谋

☞ **英烈小传：**

宣中华（1898—1927 年），原名钟华，乳名洪霖，字广文，笔名伊凡，浙江诸暨人。1924 年加入中国共产党，是五四运动时期杭州著名的学生运动领袖，第一次国内革命战争时期浙江杰出的革命活动家。1927 年"四一二政变"期间，不幸在上海龙华被捕，壮烈牺牲。

1915 年夏，宣中华凭着自己的努力，考进杭州的浙江省立第一师范。几年间，他在学习教育知识的同时，也亲眼见证了那些帝国主义侵略者给国民带来的压迫与危害。1919 年，五四运动爆发，他觉得自己一定要为国家人民做些事情，于是便开始从校园到街头，四处登台演说，散发传单，张贴标语。正因他有如此强烈的爱国热情，在大家的一致认可下，他被推选为杭州学生联合会的理事长，成为"宣言四方，力护新机"，"从事社会运动甚力"的"革新运动之先锋"。

当时的浙江省立第一师范，在校长经亨颐、教师陈望道等人的支持下，成为浙江省新文化运动的中心，经常有人在这里聚集，听演讲、学习新的思想与文化。而那些封建守旧的势力派，对此十分仇视，尤其以省长齐耀珊、教育厅长夏敬观为首。进入 12 月，他们以《浙江新潮》第二期发表的一师学生施存统所写的《非孝》一文为由，两次派员查办一师，指责经亨颐支持在校内刊行《浙江新潮》，"提倡过激主义，主张废孔非孝、共妻共产种种邪说，用以破坏数千年来社会之秩序"。但是都没起什么作用。

几个月之后，浙江省立第一师范开始进入学生寒假时期，趁着这个

机会，齐、夏联合下令撤换经亨颐，逼迫陈望道等辞职。这一切来得十分突然，宣中华知道此事之后，立刻组织那些留校同学，愤怒抗议反动势力的阴谋，与此同时，还紧急发函通知回家同学过完春节提前返校，共谋对策。

得知消息的同学们立刻赶回了学校，跟随宣中华一起进行罢课抗议和示威活动，爆发了震动全国的"一师风潮"。这场学生们的正义斗争，得到了省内以及全国各界以至海外华侨的声援和支持。在这场斗争中，宣中华始终站在最前方，他不但率众前往省公署、教育厅同反动当局进行面对面的说理斗争；而且，在3月29日反动当局出动大批军警，包围一师，企图强行解散学校、驱遣学生的危急关头，他领导全校同学团结起来，一起与七百余名军警展开搏斗，最终，军警们没有得逞。随后，在杭州市各校学生的大规模声援下，他们终于挫败了反动派的阴谋，取得了斗争的初步胜利。

"一师风潮"胜利结束后不久，宣中华不敢停歇，他知道这件事情必须要趁热打铁，于是和一些进步学生一起继续积极领导杭州各校学生，开展了驱逐省长齐耀珊和教育厅长夏敬观的斗争。他们一方面派学联代表到省内各府揭露齐、夏的罪行；一方面发动数千名学生到省议会请愿，要求"弹劾齐、夏"。

最后，在强大的社会舆论压力下，省议会于6月16日通过了"弹劾省长齐耀珊案"。夏敬观由于悔罪态度较好，侥幸免于弹劾。第二天，齐耀珊就被迫辞职，离开了杭州。这一斗争的胜利，是当时全国学生运动中最为突出的事件之一。而这场斗争胜利的最大功臣，就是宣中华。

人物心语

中华今为革命而死，虽死无憾！

——宣中华

陈延年

陈延年——成功领导省港大罢工

☞ 英烈小传：

陈延年（1898—1927年），中国无产阶级革命家，陈独秀长子，安徽怀宁（今安庆市）人。1919年12月下旬赴法国勤工俭学。1922年加入中国共产党。1923年去莫斯科东方大学学习，任中共旅莫支部干事。1924年10月回国后赴广州工作。1927年6月26日，陈延年遭国民党军警逮捕，随后在狱中被残忍杀害。

1925年6月19日，为了声援震惊全国的上海五卅运动，中华全国总工会领导香港十余万工人一起开始大罢工，声明拥护上海工商学联合会提出的17项条件，并提出香港市民有政治自由、法律平等、普遍选举、劳动立法等六项要求。对此，港英当局给出的态度竟是回避，后来在控制不了的情况下，竟然实行了紧急戒严和封锁等恶劣措施来对付这些罢工工人。这种做法立刻激起罢工群众的愤怒，大多数人都纷纷离港，直奔广州。

6月23日，根据上级的指示，陈延年在一切准备好之后，亲自参加并指挥了广州十万群众反帝大示威。但没想到的是，就在他们游街示威的时候，沙面租界英军竟然用机枪扫射群众。更可恶的是，驻扎在白鹅潭的英国军舰竟然动用了炮火轰击，造成了当场死亡52人，重伤约170人，轻伤不计其数。

惨案发生当晚，陈延年立刻召开了区委紧急会议，和到场的共产党员一起研究对策。在商讨之后，众人一致决定要扩大罢工，组织罢工工人纠察队，全面封锁香港。随后，在陈延年、苏兆征等领导下，香港25

万工人罢工，13万人回广州，举行了震惊中外的省港大罢工。7月初，中华全国总工会召开香港、广州800多人参加的罢工工人代表大会，在广州成立省港罢工委员会，下设工人武装纠察队等机构。

没过多久，罢工工人纠察队的人数就已经达到了3000人，在陈延年的分配下，共编为六个大队，22个支队，分布在全省各个重要港口，他们成了保证罢工顺利进行的主力军。

随后，在陈延年的指导下，罢工委员会开始采取罢工、排货、封锁三项措施同英帝国主义做斗争。工人纠察队每天都在各海口进行驻防，东起汕头，西至北海，对千里海岸线实行封锁，这一举措令香港经济活动陷于全面瘫痪，航运停顿，进出口贸易锐减，商业越来越萧条。不到一年的时间，香港就有3000余家商店宣告破产，股票、地产急速贬值。港英当局财政收入萎缩，1925年财政赤字达58万英镑。为了不让各帝国主义联合起来，广州省港罢工委员会想到一个万全之策，在商议后，制定"特许证"制度：凡不是英国货及英国船不经过香港者可准其直来广州。这种做法，争取了广东商人的中立，与此同时也稳定了广州金融。

省港大罢工一直持续了16个月，是世界工人运动史上时间最长的一次罢工。为了支援北伐战争，1926年10月初，罢工工人代表大会决定停止罢工。10日，罢工委员会召集群众大会，宣告罢工胜利结束，并宣布停止对香港的封锁。

人物心语

革命运动中只有最受资本帝国主义与军阀压迫的阶级是最能革命的阶级，这个最能革命的阶级就是工人与农民。

——陈延年

魏野畴

魏野畴——领导四九起义,点燃皖北革命的烈火

☞ **英烈小传:**

魏野畴（1898—1928 年），陕西兴平人。1917 年考入北京高等师范学校。1920 年冬加入社会主义青年团。1923 年年初由李大钊、刘天章介绍加入中国共产党。1924 年春至 1926 年春，魏野畴在西安陕西省立三中和省立一中任教，积极参与建立中共和青年团地方组织。1928 年，在起义突围中，魏野畴不幸被俘，英勇牺牲。

1928 年 2 月 9 日晚上，在太和，中共皖北特委紧急召开了一次扩大会议，会议决定要尽快执行"皖北土地革命大暴动"的任务，除此之外，会议选出了皖北临时特委，魏野畴为书记。根据会议主题，在场的共产党员开始研讨两个问题：第一个是暴动问题，第二个是土地问题。最终，在大家的积极探讨下，确定要在农村宣传土地革命，建立苏维埃政权，发展农协会员，开展"六抗"斗争，大力发展农民协会，建立赤卫队。这些举措的实施，为即将要实行的暴动做好了准备工作。随即，魏野畴开始积极谋划起来，他亲自派人到皖北各县联系，恢复、组建党的组织，并组织力量准备策应皖北工农兵武装起义。

没过多久，经过魏野畴等同志的精心部署，起义前的必要条件已经基本具备，军队内部和地方上的革命力量迅猛发展，10 军内部的党员已经增至 280 人，19 军教导团九个团和留守司令部特务连都有了党的组织，绝大部分力量都已经被党中央牢牢掌握。而除了军队的力量之外，阜阳周围农民运动也是如火如荼，武装起来的赤卫队已有五千余人。

2 月 21 日，魏野畴将部署好的一切写成报告，寄给中央，报告中主

要分析了皖北政治、经济形势以及皖北各军阀之间的矛盾。3月15日，中央给皖北特委的指示信中指出：现在的策略是"发动群众斗争，领导群众运动，实行土地革命"。当建立苏维埃政权起义的各项工作正在加紧准备的时候，10军代理书记宋树勋叛变投敌，将起义计划和党员名单向敌人告密；与此同时，阜阳党内也出现了叛徒，皖北党的力量有被一网打尽的危险。

魏野畴明白此时情况已经非常紧急，于是立刻在阜阳西湖会老堂召开紧急会议，决定在4月9日凌晨以点火为号，开始举行起义，并以高桂滋部教导团和留守司令部特务连为骨干，积极联合城内工人、店员响应，配合赤卫队占领阜阳，然后各县响应，建立豫皖平原根据地。随后，会上成立了起义的领导机关——皖北革命军事委员会，魏野畴同志为武装起义的总指挥。

一切部署好之后，4月9日凌晨，在魏野畴的指挥下，驻守在阜阳城的19军教导团起义士兵按计划发出了火光信号，并迅速占领了东门。但由于起义计划泄露，遭到国民党反动派疯狂"围剿"，工农红军浴血奋战，终因寡不敌众，起义队伍被敌军突袭溃散，魏野畴、杜聿德、昌绍先、胡英初等许多烈士先后英勇牺牲。起义虽然失败了，但它播撒了革命的火种，迎来了革命的最后胜利，在党的史册上写下了光辉的一页，在我党历史上具有重要的意义。阜阳四九起义是我党在皖北反抗国民党反动派的一次伟大的起义，也是我党在皖北向国民党反动派打响的第一枪。

人物心语

在今日山穷水尽，走投无路的中国，只有本着彻底革命的精神，以铁拳锤碎帝国主义的枷锁，打倒一切恶劣势力，才能闯出一条死中逃生的道路！

——魏野畴

瞿秋白

瞿秋白——宁死不屈，慷慨就义

☞ **英烈小传：**

瞿秋白（1899—1935 年），中国共产党早期主要领导人，马克思主义理论家、宣传家、文学理论批评家，江苏常州人。1922 年加入中国共产党。1925 年，当选为中央委员、中央局委员和中央政治局委员。1934 年，任中华苏维埃共和国中央政府教育部部长。1935 年 2 月在福建长汀县水口乡被国民党军逮捕，6 月 18 日慷慨就义。

1935 年 2 月 24 日早上，天气阴沉，不一会儿就下起了小雨，瞿秋白等人在到达了水口乡的小迳村之后，便进入一家老百姓家中躲雨。因为一晚上都在疾行，大家都已经十分疲惫，于是决定要休息片刻。但却没料到，他们的踪迹竟然被国民党军发现，驻扎在那片区域的钟绍葵得到消息之后，立刻派出手下包围他们。在仓皇之中，他们一行人等被打散，瞿秋白躲藏在杂树丛中的山崖下，却仍没躲过敌人的搜捕，最终被抓获，押送到了水口乡敌营部。

在敌人的审问下，瞿秋白为了迷惑敌人，便灵活地用"林琪祥"的假身份在狱中写了一份"笔供"，编造了一份假情报。没想到，没过多久，瞿秋白的真实身份就被发现了。身份暴露后，钟绍葵立刻派人将瞿秋白押送到汀州国民党 36 师师部，并叮嘱下属严密看守。在那里，宋希濂对他进行数次劝降，软硬兼施，都没有成效。随后，蒋介石又派出一些国民党高级官员对瞿秋白劝降，可还是没有成功。

蒋介石知道劝降瞿秋白无望，于是在 1935 年 6 月 2 日，给驻漳州蒋鼎文发了一道密令："瞿秋白即在闽就地枪决，照相呈验。"由于陈立夫派要员到长汀狱中对瞿秋白进行劝降，而拖延了执行时间。在国民党要员蒋鼎文、李默庵的催促之下，36师决定于6月18日上午对瞿秋白执行枪决。

在得到要枪决瞿秋白的消息之后，宋希濂还抱着劝降立功的一线希望，于是在执行枪决的前一晚，又特派参谋长向贤矩前去劝降瞿秋白。向贤矩来到囚室后，见到瞿秋白，就宣读了最高当局来的电报，并说："师部遵照委员长命令，决定明天上午执行，你还有什么话要说，要办什么事，可以直说，我们视情况而为之。"瞿秋白听后，无所畏惧地说："我早就等着这一天。我提议，为你们提前给我送行干杯！"听到瞿秋白这么说，向贤矩便不再说什么了。

6月18日，瞿秋白昂首走出36师大门，一路高呼"中国共产党万岁"，进了戒备森严、没有游客的中山公园，一桌酒肴已摆在八角亭里。瞿秋白请两位处长对饮，被拒绝了，又找陈军医，说没有来。瞿秋白一摆手，迈步走向八角亭。按照特务连长的安排，瞿秋白先在亭前拍照。他背手挺胸，两腿分立，面带笑容，为世人留下了一位革命者最后的风采。然后，他背北面南坐定，自斟自饮，旁若无人。酒兴中他高声说道："人之公余稍憩，为小快乐；夜间安眠，为大快乐；辞世长逝，为真快乐也！"

瞿秋白说罢，抛杯而起，厉声而言："启程吧！"在呆若木鸡的士兵刀枪环护之下，他走出中山公园，慢步走向刑场。他手夹香烟，顾盼自如，再一次高歌吟唱，并不时高呼："中国共产党万岁！""中国革命胜利万岁！"走到罗汉岭下的一块草坪上，他盘膝而坐，对刽子手微笑着点头说："此地很好，开枪吧！"枪声起，瞿秋白饮弹洒血，从容就义。

人物心语

人爱自己的历史，比鸟爱自己的翅膀更厉害，请勿撕破我的历史。

——瞿秋白

方志敏

方志敏——反抗地主，带着农民闹革命

☞ **英烈小传：**

方志敏（1899—1935 年），中国工农红军高级指挥员，江西弋阳人。1922 年 8 月加入中国社会主义青年团。1924 年 3 月，在南昌转为中国共产党党员。1934 年，红七军团和红十军团合编为北上抗日先遣队，方志敏任总司令。1935 年 1 月 27 日，不幸被俘入狱。1935 年 8 月 6 日，在南昌英勇就义。

1925 年夏天，天气异常炎热，早就看不惯那些地主的方志敏，回到了家乡湖塘村，秘密组织成立了一个农民协会。从那时起，他便带领贫苦农民，开始与地主进行斗争。

为了鼓励农民们团结起来和地主进行斗争，方志敏带领一部分积极分子先把一个地主抓了起来，要他减租，并把借据还给农民。看到这一幕，那些农民们开始有了劲头，受到地主长期压迫的他们，都准备跟着方志敏干。谁想到这时，方志敏的五叔地主方雨田跳出来，带头对抗农民运动。方志敏觉得如果不把方雨田的气焰打下去，斗争就不能取胜。他对大家说："你们放心吧，我是绝对不会因为方雨田是我五叔，就会徇情看面子的。既然他是地主，又和我们对抗，那么，咱们就团结一心跟他斗争到底！"

为了证明给农民们看，一天晚上，方志敏便带领全村的贫雇农，手拿铁叉、锄头，包围了地主方雨田的大院。一看这阵势，方雨田立刻吓得紧关大门，躲了起来。几个农民翻墙进入方家大院，把门打开，大家一下子冲了进去。方雨田狗急跳墙拿刀想行凶，农民夺下他手中的刀，用绳子把他捆了个结实。地主方雨田被斗倒了，震动了整个弋阳县。从此，农民运动蓬勃开展起来。

随后，在方志敏的领导下，江西的农民把土豪劣绅打得屁滚尿流。农民们的胆子越来越大，信心也越来越足，没过多久，农民从漆工镇警察所里缴获了两条半枪。一条是"汉阳造"，一条是"三八式"，还有一条"九响毛瑟"被截去了半截枪筒，只能算半条枪。方志敏出门时就把这半截枪筒的枪带在身边当作防身武器。很快，方志敏反抗地主、闹革命的消息就传遍了方圆几百里的地方。方志敏带着那半条枪，有时穿件灰袍子，化装成商人，有时光脚穿草鞋，化装成农民，到处奔走，去宣传革命运动。

方志敏经常把农民们聚在一起，然后声情并茂地将革命道理讲给他们听。他问大家："谁欠了地主的债？谁欠了租？"大家一齐举手说："我们都是穷人，不穷也不来革命了！""现在共产党来了，不交租，不还债，大家赞成不赞成！"大家说："这样的好事情，谁不赞成！"他又接着说："我们共产党的道理，就是活不下去了，要平债，要分田，要革命！你们赞成就写上自己的名字，咱们干起来！"听了他的话，农民们都在红纸上写上了自己的名字，还画押宣誓："革命到底，永不变心！"就这样，农民革命团组织起来了。在方志敏的领导下，农民革命团轰轰烈烈闹起了革命。

人物心语

清贫，洁白朴素的生活，正是我们革命者能够战胜许多困难的地方。

——方志敏

曾中生

曾中生——守护鄂豫皖苏区，
二次英勇反"围剿"

☞ **英烈小传：**

曾中生（1900—1935年），中国工农红军杰出指挥员，原名曾钟圣，湖南兴宁人。1917年秋考入郴州第七联合中学。1920年投笔从戎。1925年考入黄埔军校第四期，同年加入中国共产党。1926年6月，参加北伐战争，任国民革命军第八军前敌总指挥部组织科科长。1935年8月，由于反对张国焘军阀主义、分裂主义，被张国焘秘密杀害。

1930年12月，国民党军趁着党中央苏区主力部队已去皖西，兵力空虚的时刻，开始对鄂豫皖苏区发动第一次"围剿"。在这样的紧急时刻，曾中生立刻抵达七里坪，召开了原鄂豫皖边特委及附近各县县委负责人紧急会议，果断组成中共临时特委和临时军委，开始积极组织反"围剿"。

会议过后，曾中生开始聚集鄂豫边区的六个特务队和六个教导队等地方武装共三千余人及广大"红色补充军"，并以此为基础，组成三路指挥部，除此之外，还努力发动周围的群众，一同开展游击战争。1931年1月初，苏区主力红一军开始从皖西地区西返，在商城附近地区又歼灭"围剿"军一个团，与曾中生部胜利会师，国民党军发动的第一次"围剿"被彻底打破，红军取得了反"围剿"的胜利。

1931年2月初，鄂豫皖临时特委在黄安召开扩大会议，会议由曾中生主持，讨论依据目前形势，该如何进行反"围剿"斗争，除此之外，还提到了党务工作、土地革命、工运、农运及财政经济等问题，并做出了相应的决议。会后，正式组成鄂豫皖特委和鄂豫皖革命军事委员会，曾中生出任鄂豫皖特委书记兼军委主席。

同年3月，国民党34师近5000人进犯中央苏区，不过在曾中生等人的领导下，红四军在双桥镇将其全部歼灭，并且还活捉了敌师长岳维峻，随后将他押解至黄安七里坪。岳维峻见到了红四军参谋长徐向前之后，开口乞求活命："咱俩也曾一起共事，看在这点情分上，只要不杀我，我答应你们提出的一切条件。"于是，曾中生等决定用岳维峻换苏区紧缺的布匹和药品，先将岳的副师长、参谋长全部释放，开列了一张赎命的清单，让他们带给岳维峻的家属。随后，在几个月内，红军接连收到了对方送来的三批枪支弹药、药品和足够做20万套军装的布匹，还有大量纸张、火柴等苏区十分匮乏的日用品。

得知岳维峻兵败的消息后，国民党军又集结11个师的兵力，对鄂豫皖苏区发动了第二次"围剿"。面对敌人的进攻，曾中生不慌不乱，根据敌军状况，他领导苏区军民再次奋起反击，独山一战歼灭国民党军两千余人，浒湾一役歼国民党军近千，桃花一仗又歼国民党军近两个营，彻底粉碎了国民党的第二次"围剿"。

短短几个月的时间，曾中生率领苏区军民在极其不利的形势下，连破敌人两次大规模"围剿"。这期间，苏区面积显著扩大：西起平汉路，东至浠河，南达黄陂、罗田北部，北至潢川、固始南部，辖区包括二十余县的全部或部分，全区人口达到200万。

人 物 心 语

真理是淹没不了的，是非总有一天要澄清。

——曾中生

夏明翰

夏明翰——组织平江农民暴动，
奠定平江起义基础

☞ **英烈小传：**

夏明翰（1900—1928 年），中国共产党早期革命活动家，湖南衡阳人，出生在湖北秭归，12 岁随全家回乡。1919 年在衡阳参加学生爱国运动。1921 年冬，加入中国共产党。1924 年任中共湖南省委委员，并负责农委工作。1927 年兼任湖南省委组织部长、农民部长和平浏特委书记。1928 年 3 月，在武汉汉口余记里被杀。

1927 年 9 月，中共中央委派夏明翰、李六如奔赴平浏地区，准备发动秋收暴动。但是因为他们手中没有枪，根本没有办法去和敌人战斗。那该怎么办呢？思来想去，夏明翰决定想办法从敌人手里夺取武器。

21 日，夏明翰悄悄跑到献钟派出所附近勘察地形。晚上回来后，他立刻就召开了一次秘密会议，最终确定了攻打献钟警察所的计划。几日后的一个夜晚，夏明翰一声令下之后，愤怒的平江百姓们很快就包围了献钟警察所，并顺利收拾了八个警察，缴获了三支枪、一些契券、400 块大洋和一只金钏。

接着，他们决定趁热打铁，去攻打辜家洞的一个挨户团。走了十里多路之后，他们终于到达辜家洞。那天晚上，忽然间遭遇了敌人的阻击，暴动队有两人被捉去。得到情报后，夏明翰心急如焚。就在这时，有人匆匆赶来报告，说被挨户团捉住的那两名暴动队员就要被押往县城。

夏明翰最后决定带领三十多个精壮汉子去打伏击。他们埋伏在黄花潭路边的树林里，打了挨户团一个措手不及，成功将那两名暴动成员救了出来，还顺手夺取了三支长枪。

几天之后，李六如、夏明翰和党中央派来的毛简青顺利会合，之后，几个人秘密商讨下一步的工作。他们决定暂时不在县城搞暴动，而是先派一些骨干潜入四郊去，等待时机再行动。

会议结束后的第二天上午，献钟、思村等地的农民武装首先起义，处决了三名罪行累累的反革命分子。当晚，在夏明翰的安排下，献钟、思村、安定等乡农民和群众一千多人进入县城近郊，等待攻城信号。但随后出了点意外，那个负责敲钟发信号的人竟然在敌人巡逻时被发现抓走了。所以，一直到天亮，也没听见钟声响起，于是各路队伍便自动撤退。但已经顺利摸入县城东门李家巷的一支队伍不忍就这样撤离，于是攻进县杂税局，杀死了杂税局长。负责炸毁国民党县"清乡"司令部的工人邱康林也向"清乡"司令部大院投了一枚手榴弹后才撤退。

由于没有缜密的安排，平江农民的第一次"扑城"，结果并不理想。此后，国民党平江县长王紫剑又与"清乡"司令阎仲儒勾结在一起，对当地进行了疯狂的大清洗。很多参与过反对当局斗争的穷苦百姓都被抓了起来，之后送到柘树坪、月池塘等地进行集体屠杀。

悲痛过后，夏明翰和群众并没有被吓倒，他们在短暂的休整之后，变得更加团结，慢慢地，他们的武装在乡间迅速壮大起来。平江农民暴动狠狠打击了国民党的地方反动统治，为以后的平江起义奠定了群众基础。

人物心语

砍头不要紧，只要主义真。杀了夏明翰，还有后来人！

——夏明翰

赵世炎

赵世炎——指挥上海第三次工人武装起义

☞ **英烈小传：**

赵世炎（1901—1927年），中国共产党早期著名工人运动领袖，重庆酉阳人。1915年考入北京高等师范学校附中。曾参加过著名的五四运动，是当时师大附中学生运动的组织者。1921年，加入中国共产党。之后，领导了震惊中外的上海三次工人武装起义。1927年不幸被捕牺牲。

1927年2月，吸取了前两次武装起义失败的经验之后，中共中央和上海区委做好调整，准备继续发动上海工人第三次武装起义，并为此做了大量的准备工作。之后，完成了两样部署：一是成立领导起义的最高领导机关特别委员会，委员由赵世炎和其他六人组成；二是拟定好细致的行动计划。

一个月之后，中共上海区委在商讨之后，发布了武装起义的行动大纲，精心策划了各部作战计划，随后，便开始忙起义前的组织动员工作。在中共中央的领导指挥下，赵世炎等人开始在市民中开展广泛的宣传动员，之后，又建立了一支工人武装纠察队，并对他们进行严格的秘密训练。

3月20日晚上，月朗星稀，趁着这夜色，北伐军东路军悄悄进入龙华，这时，发动起义的时机已经成熟。隔日清早，中央下发指令，准备发动第三次武装起义。到了中午12点的时候，停泊在黄浦江上的轮船和全市的工厂同时汽笛长鸣。从那一刻开始，上海市内的所有商业及非商业活动都在一瞬间停止，上海的人民群众从四面八方拥向街头、车站、码头和广场，在预定的地点会合。就这样，上海80万市民总同盟罢工开始了！

一个小时后，南市区忽然传来了第一声枪响，这意味起义正式开始。赵世炎带领工人纠察队以小南门救火会钟声为号，兵分三路进攻，包围淞沪警察厅，攻打第二区警察署和沉香阁路警察二区一分署，围困第一警察署，攻占南区街分署和铁路南站等。直至下午三点一刻，各路工人纠察队、自卫团、海军起义人员在江南造船厂及高昌庙兵工厂前会师，包围了驻厂的直鲁军海防卫队士兵。敌军毫无招架之力，只能全部缴械投降。

不久，敌人开始疯狂反扑，但都被虹口各厂工人纠察队击退。之后，沪西工人分两路进攻曹家渡第六警察署，占领潭子口警察局。在攻占第四警察署时，直鲁联军拿枪扫射，进行顽抗。这时，聪明的纠察队员立刻将麻袋装上泥土，堆叠在推车上作掩护，逐步向敌人靠近，并发起进攻。最后，敌人只能缴械投降。与此同时，其他地区的工人纠察队也顺利完成了预定的起义任务。

在攻打最后一个据点北火车站的敌军时，由于守敌集中、工事坚固，工人纠察队同敌军相持不下，这时敌军司令毕庶澄立刻派人前往龙华的北伐军东路军指挥部，请白崇禧出兵助战，但白崇禧按兵不动。就在这时，赵世炎随机应变，在和上级的配合下，马上调整力量，将闸北工人纠察队和前来支援的沪东、沪西工人纠察队会合在一起，集中轻重型武器，以北火车站的东南面为主攻方向，各支工人纠察队同时向敌人的据点发起总攻。由于没有增援，毕庶澄终于扛不住，于是趁着混乱，一个人独自逃走，这时失去指挥的北火车站的敌军立刻乱成一团，最终只能全部投降。至此，上海工人第三次武装起义获得了全胜。

人物心语

共产党就是战斗的党。

——赵世炎

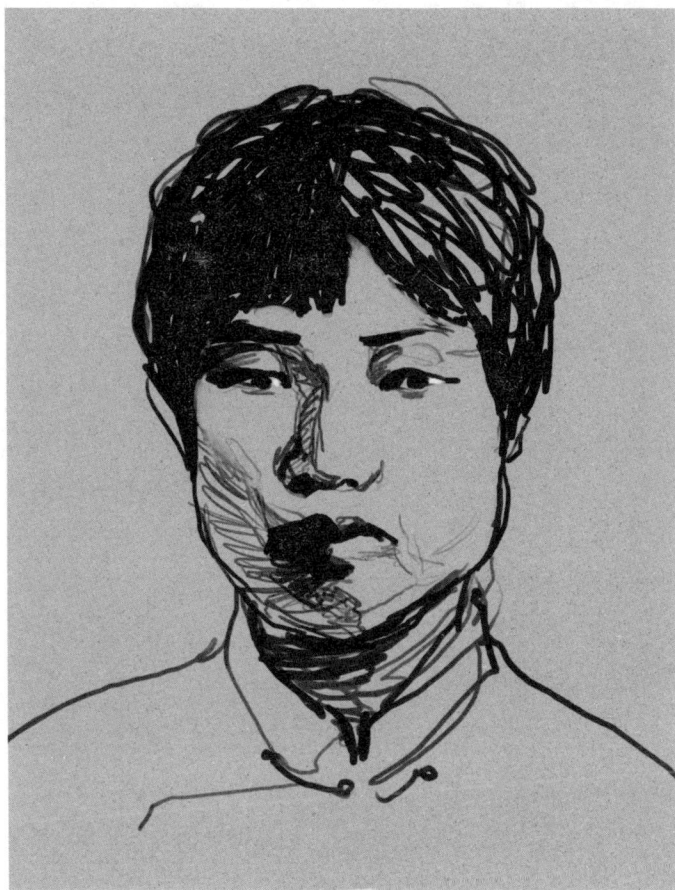

杨开慧

杨开慧——英勇无畏，慷慨赴死

☞ **英烈小传：**

杨开慧（1901—1930 年），女，号霞，字云锦，湖南长沙人，中国共产党最早的女党员之一。1920 年冬，杨开慧和毛泽东结婚。1922 年加入中国共产党。大革命失败后，毛泽东去领导秋收起义，开展井冈山根据地斗争，杨开慧则独自带着孩子，参与组织和领导了长沙、平江、湘阴等地武装斗争，发展党的组织。1930 年 10 月，杨开慧被捕，11 月 14 日被害。

1930 年 10 月，地痞范觐溪偶然间发现了杨开慧的藏身之地，随后，便通知了国民党军。一天深夜，杨开慧被狗叫声惊醒，刚下了床，荷枪实弹的敌人就破门而入，将她捉了起来。带队的敌军用手枪指着杨开慧说："老实点儿，别动什么歪心思。"随后，范觐溪奸笑着对杨开慧说："霞姑，你别怪我，你得跟我们到长沙去一趟。"杨开慧狠狠瞪着范觐溪，骂道："你这条狗！"

这时，几个端长枪的敌军士兵走上前来，捆绑了杨开慧和屋里的保姆陈玉英。屋里的三个孩子瞬时被惊醒，那些可恶的国民党军想将他们一同绑走，但被惊动了的农民们纷纷赶了过来，狠狠地指责他们。范觐溪见众怒难犯，最后只将杨开慧、陈玉英和毛岸英三人拖上了敌人的车，之后将他们一并投入了长沙国民党的监狱里。

没过几日，敌人就将他们三人分开关押。几天后，陈玉英被传讯到监狱的办公室，刚进去，就看见已经浑身是血的杨开慧，她立即扑上去，抱着遍体鳞伤的杨开慧大哭起来。随后几天的审讯里，敌人对杨开慧严刑拷打，但她始终咬紧牙关，对于敌人的审问，她一言不发，并昂首怒视拷打她的刽子手。敌人三番五次地审问，她依旧什么也不招，最后敌人恼羞成怒，再一次下狠手将她打到昏死过去为止。

11月12日，经历了敌人种种酷刑之后的杨开慧，身体已经十分虚弱了。这时，敌人怕出什么意外，于是又将关押在另外两处的毛岸英和陈玉英押送过来，和她关在了一起。两日后的凌晨，关押着杨开慧、毛岸英和陈玉英的牢房门被打开，四个全副武装的国民党军警走进来，上前拖起了遍体鳞伤的杨开慧。

这是杨开慧最后一次被敌人带进监狱的办公室。那日，敌人抓着她的下巴，对她进行最后一次诱供："何省长讲了，只要现在你声明与毛泽东彻底脱离关系，就可以马上放了你！"杨开慧凛然道："我绝对不会跟润之脱离关系的，你们死了这条心吧！我死不足惜，但愿润之革命早日成功！"一句话，让敌人瞬时愤怒起来，马上给了她几拳，最后命令手下将杨开慧带出监狱的铁门，送到长沙浏阳门外的识字岭去枪毙。

迎着清凉的晨风，杨开慧迈着坚定的步伐，大义凛然地朝前方走去，沾满了血迹的头发在她的脸上飘动着，好像在召唤她昂首挺胸奔向理想中的远方。最后，一声罪恶的枪响，结束了她的生命——这位共产党的优秀女儿，毛泽东的妻子、同志和亲密战友，就这样壮烈地牺牲在美丽的晨曦之中。

人物心语

砍头只像风吹过！死，只能吓倒胆小鬼，吓不住共产党人！

——杨开慧

马本斋

马本斋——浴血奋战，突围千顷洼

☞ **英烈小传：**

马本斋（1901—1944 年），原名马守清，回族，河北献县人。抗日战争时期八路军冀中军区回民支队的创建人，抗日民族英雄。1938 年加入中国共产党。1944 年随部队赴延安途中，不幸病逝于山东莘县。

1941 年 12 月 8 日，日本挑起了太平洋战争，想要将我国的华北地区变为其后方基地、兵站，于是汇集众多日军，出动日伪军十万余人，开始对华北抗日根据地进行疯狂扫荡，并企图摧毁冀中抗日根据地。

为了掩护冀中军区机关向安全地方转移，马本斋带领他的回民支队官兵，立即发动了攻打泊头的军事行动，成功将扫荡主力部队转移，保证了冀中军区顺利突围，进入太行山根据地。但他和回民支队全体官兵却被敌军层层包围。当时，敌军共有 10 万炮兵、步兵、骑兵及装甲兵部队，而马文斋的回民支队却仅仅只有 3000 人，在这种敌众我寡的形势下，想要安全跳出包围圈，根本就是不可能的事。

思前想后，最后马本斋决定先率领回民支队隐蔽起来，在敌人合围之前，一定要想尽办法拖长隐蔽的时间，避免与敌前锋部队遭遇，再通过观察，寻找敌人的薄弱环节，等待时机突围。马本斋看着军事地图，随即选中了一处森林地带——阜城东南千顷洼。兵贵神速，他立即带着急行军当夜赶赴。可是到达目的地之后，才发现一切跟想象中并不一样。千顷洼虽然灌木林成片，但却根本无法隐藏大部队。现在想要离开这里，重新转移，已经没有足够的时间了。因为敌人合围圈已经逐渐开始合拢。

在观察了周围的环境之后，马本斋当机立断，命令部队躲进附近的纪高庄，全军隐蔽。此外，他要求支队各大队和直属队，兵不卸甲，马不解鞍，随时准备作战，有刺刀的战士全部守候在西线前沿，严阵以待。如果和敌人相遇，尽量不要开枪，要保证村庄百姓的安全，冲锋要以白刃格斗为主，更重要的是，免得惊动敌人部队回身反扑。同时要求各大队、中队马上做好战前动员，让每位干部和战士明了目前所面临的严峻局势，明白队伍的作战意图，要做好随时为国捐躯的心理准备。

马本斋将突围时间定在了黎明前。由于千顷洼实在是太小了，合围的敌军认为它根本无法容纳三千多人的回民支队，于是在路过的时候，根本没有多加留意，而是直接走过去，向东推进，这让马本斋和回民支队官兵顿时松了口气。不过很快，他们在与第二道敌军包围圈搜索队的冲突中发生了疏漏，导致了突围战提前发生。

这时，在马本斋的指导下，大队长马永标和中队长马进坡率领"光荣队"开始一路向东拼杀，大批的敌人都被引走，这让马本斋和回民支队主力一下子减轻了负担。正巧这时，千顷洼风沙陡起，借着这股风沙，回民支队英勇杀敌，最终成功突围。

人物心语

我决心为回族解放奋斗到底，而回族的解放只有在共产党的正确领导下才能实现！

——马本斋

邓恩铭

邓恩铭——组织领导青岛胶济铁路工人大罢工

☞ **英烈小传：**

邓恩铭（1901—1931年），中国共产党创始人之一，原名恩明，字仲尧，贵州荔波人。五四运动爆发后，组织学生参加罢课运动。1920年11月，他与王尽美等组织励新学会，介绍俄国十月革命。1921年7月出席中共一大。1925年2月8日，组织领导青岛胶济铁路工人大罢工。1928年12月，在济南被捕。1931年4月于纬八路刑场就义。

1925年年初，路局内山东派首领车务段总段长马廷燮和山东地方政客、资本家商议之后，于2月8日起，开始在全胶济线罢运罢工，要求换掉交通部局长阚铎以及副局长朱庭祺。一时间，胶济铁路全线瘫痪，罢工事件震惊中外，造成了很大的影响。

在胶济铁路还未真正实施罢工之前，中共青岛支部负责人邓恩铭便在四方三义小学开了一次会议。这次会议召集了四方机厂的党员和积极分子二十余人，他们共同研究当前路局的形势，布置与路局同时举行罢工事宜。经过分析，他们认为此时正是开展工人运动的大好时机，于是研究提出了参加罢工的五项条件：（1）恢复被开除的郭恒祥（中共党员、"圣诞会"会长）等人的工作；（2）承认工人有自己的工会；（3）不分领班、工匠、小工、学徒，每人每月增加工资六元；（4）速发年终奖金；（5）工人和员司享受同等福利待遇，要发给大煤和奖金。

会后，邓恩铭派四方机厂工人代表和路局内的山东派商谈参加罢工的问题。但是，由于各自目的不同，所以最后谈判破裂。随后，工人代表回来向邓恩铭进行汇报，邓恩铭听后，说："其实我早就想到了，咱们想与他们合作本身就是一种手段，谈不成也好，这并不影响我们进行罢工斗争。"于是，四方机厂工人和胶济铁路工人一起，都在2月8日开始罢工。

三天之后，山东军政头目只能亲自出面来控制局势。山东军务督办郑士琦以"山东军务善后事宜公署"名义，派镇守使施从滨"前往查办谕令即行开车，并派山东兵工厂厂长李钟岳随同前往暂为护理该路局局长事务"。最终，阚铎从局长的位置撤了下来，李钟岳在武装护卫下，接任了局长职务。在达到目的后，山东地方势力终于让胶济铁路的工人们复工，当天便全线恢复通车。

尽管胶济铁路工人的罢工结束了，但是四方机厂工人的罢工还在进行。六天之后，李钟岳亲自会见工人代表，说要答复工人要求的事项。当时路局的答复是：（1）同意恢复被开除的郭恒祥等四人的工作；（2）承认工会但要报警察厅批准，厂方承认工人代表，有事可找代表商量；（3）增加工资要交通部批准，但保证一定增加；（4）年终奖金照发；（5）奖金也要交通部批准，大煤可以买。

工人代表向中共青岛支部汇报后，邓恩铭说："不能要求一次斗争解决一切问题，要适可而止，只要答应复工条件的60%，就是胜利。"于是组织决定第二天复工，并召开了全厂工人大会，庆祝罢工胜利，动员复工，并正式挂出了"胶济铁路总工会四方分会"的牌子。

人 物 心 语

读书济世闻鸡舞，革命决心放胆尝。为国牺牲殇是福，在山樗栎寿嫌长。

——邓恩铭

许继慎

许继慎——临危受命，智取汀泗桥

☞ 英烈小传：

许继慎（1901—1931 年），中国工农红军高级指挥员，安徽六安人。1921 年 4 月，加入中国社会主义青年团。1924 年加入中国共产党。1925 年参加两次东征。1930 年 3 月，到鄂豫皖革命根据地参与组建红一军，任军长。1931 年 11 月被诬陷，杀害于河南光山。

1926 年 8 月，在攻打下平江之后，北伐军片刻未歇，便前往武汉三镇的南大门——汀泗桥。这是一座铁路桥，三面环山，一面是水，因为易守难攻，向来都是兵家必争的军事重地。在一路疾行之下，北伐军很快就抵达汀泗桥的南侧。当时，直系军阀主帅吴佩孚在这里部署了一个多师的兵力固守。国民革命军第四军决心以独立团和第 35 团正面强攻，其他各部两翼配合。所以，想过汀泗桥，一场正面交锋不可避免。

8 月 26 日早上，天刚刚亮，北伐军六个团攻打汀泗桥的战斗打响了，但没想到，刚刚发起进攻不久，汀泗河水就开始不断向上暴涨，从而阻断了前进的道路，没有办法，北伐军只好暂时停止了进攻。就在这个空隙，吴佩孚下令手下强力扫射北伐军，并说"退却者杀无赦"。之后，那些先前守在汀泗桥北的敌军千余人开始拿着枪不断对远处的北伐军进行扫射，并在密集炮火的支援下，顺着铁路向南突击，一直把北伐军逼退到四军指挥部所在的一座小山前。尽管四军卫队拼尽全力顽强抵抗，但最终还是因为势单力薄而死伤无数。眼看形势越来越危急，叶挺立刻命令位于军部右后侧独立团第二营许继慎："现在情况危急，你即刻上前支援军部。"

　　接到指令的许继慎二话未说，马上振臂一呼："兄弟们，跟我上！"随后，立即率领部下冲向汀泗桥，在敌军突击队的后面发起进攻。这时，正往南冲的吴佩孚的突击队听到背后响起猛烈的枪声，瞬时间就乱了阵脚。随即，两方便打了起来。许继慎一边用枪和敌人战斗，一边组织队伍勇猛杀敌。经历了十多个小时的冲锋和反冲锋，最后，他们终于把这股敌人抵了回去，获得了暂时喘息的机会。

　　到了天黑之后，叶挺根据白天的观察、现场勘察和访问，终于找到了一条人迹罕至的崎岖山路。午夜时分，独立团二营由许继慎第二营做前锋，一路急行军来到古塘角，这个地方正处于敌军后方。第二日早上，天刚刚有点亮，许继慎就一声令下："冲啊！"听到命令的独立团战士以迅雷不及掩耳之势向敌人发起猛攻。在听到枪声之后，叶挺随即下令，命军部左右两翼也开始对敌军发起强攻。

　　最开始，敌人还没弄明白是怎么回事儿，一直将独立团当作刚赶过来的援兵，等他们想明白了之后，为时已晚，他们已经被前后夹击，防不胜防，最终全线崩溃。直到上午八时，汀泗桥终于被北伐军成功占领。在整场战役中，许继慎领导的独立团二营功不可没，正因为和左、右两翼部的完美配合，才最终以智取胜，从而为贺胜桥战役、武昌战役的胜利打下了基础。这是第一次国共合作的重要成果，加速了中国革命进程，为在武汉建立国民政府打下了基础，产生了深远的影响。

人物心语

　　自参加革命那天开始，我就将个人的生死荣誉抛在脑后。

——许继慎

罗亦农

罗亦农——为成立中华全国总工会铺路

☞ 英烈小传：

罗亦农（1902—1928 年），原名罗善扬，字慎斋，后改为亦农，是中国无产阶级革命家，湖南湘潭人。1921 年在莫斯科东方大学学习时，加入中国共产党。回国后参与领导省港大罢工和上海工人三次武装起义。1928 年 4 月 15 日，因叛徒出卖被逮捕，21 日英勇就义于上海龙华。

1925 年 3 月，在中共中央的委派下，罗亦农动身前往广州，开始为一个新的任务——全国第二次劳动大会做一些详细的筹备工作。在顺利抵达广州之后，罗亦农开始寻找适合召开大会的地点，以及联系各个地区的代表，为此，他每天都要四处奔走，回来之后，还要和其他人说一说这一天的工作成果，并确定第二天的工作计划。

就这样，一直忙了近两个月，在一切都准备好之后，全国第二次劳动大会终于在 5 月 1 日上午 9 时，在广东大学操场正式开幕。在罗亦农等人的通知邀请下，参加大会开幕式的人数已经达到了两万人，这其中有工农群众、军人、学生等。在开幕式后，大家一同举行了一场声势浩大的示威游行，而在游行队伍最前列的便是负责此次大会的罗亦农等人。

到了晚上七点的时候，广东省第一次农民代表大会的代表们和此次参加劳动大会的代表们召开了一次联席会议，在众多人发言之后，罗亦农以农民国际代表的身份也进行了发言。随后，对中国目前的现状，他作了如下的分析："中国的工人阶级，遭受着资本家、军阀和帝国主义严重的压迫和摧残，他们的阶级觉悟比任何阶级都高，他们知道要有自己的阶级的组织，要有自己为之奋斗的解放运动。占中国劳动阶级相当大的一部分人数的农民，尤其是贫苦的农民，所受的压迫太大了，天灾、兵灾、匪灾之外还要加上政府的苛捐、地主的重租、债主的盘剥、劣绅的敲诈等。中国农民要从重重压迫之下解放出来，首先就是要打倒制造内乱的帝国主义和他们的走狗军阀，以谋民族的独立。而要达到这一目的，就只有很亲切地和最革命的无产阶级联合起来，在无产阶级的指挥之下，以扑灭他们的共同敌人。"

此次大会一共通过了《工人阶级与政治斗争决议案》、《经济斗争决议案》、《工农联合决议案》和《中华全国总工会总章》等30多个文件，成立了中华全国总工会，大会选举组成了全总执行委员会。

在大会结束之后，罗亦农开始总结大会成果，为了向全国的人民群众及时展示大会内容，扩大大会的影响力，他开始夜以继日地完善工作，除了撰写有关大会的文章，他还主动积极地找人谈话了解情况，搜集各种反馈资料，仅传单一项就有32种之多。

没过几天，努力撰写文章的他，连续在《向导》等一系列的党刊上发表了《今年五一广州之两大盛举》、《中国第二次劳动大会之始末》、《今年五一之国际状况》、《五一纪念与农民》等文。在这些文章中罗亦农反复地阐述了"农民阶级是工人阶级的同盟者"，要"实行工农大团结"，进行"工农联合"等思想观点。

这次代表大会上通过的各项文件，都对中国共产党后来的发展起到了不可替代的作用。而此次大会能够顺利召开，并顺利结束，这里面，有罗亦农很大的功劳。

人物心语

慷慨登车去，相期一节全。残躯何足惜，大敌正当前。

——罗亦农

蒋先云

蒋先云——领导水口山矿大罢工取得胜利

☞ **英烈小传:**

蒋先云(1902—1927年),湖南新田人,中国共产党早期学生运动与工人运动领袖。1919年参加五四运动。1921年相继加入中国社会主义青年团、中国共产党。1922年与李立三、刘少奇等领导安源工人大罢工,同年12月领导水口山矿工罢工。1927年任湖北省工人纠察总队队长,5月28日在河南临颍英勇牺牲。

1922年,在中共中央的指示下,蒋先云、谢怀德等四人来到湖南水口山矿学习,在学习的同时,传播安源路矿罢工经验,帮助组织工人俱乐部,领导工人运动。可蒋先云一行人刚到这里,就遭到反动当局的威胁恫吓,对此,他们处之泰然。

没过多久,蒋先云决定要正式和反动当局对战,这就要求他们必须建立一个组织来共同抵抗。在与刘东轩商议之后,他们便成立了工人俱乐部筹备处,蒋先云成为工人俱乐部筹备处的全权代表。在蒋先云的积极努力下,没过几天,报名参加工人俱乐部的工人就已经达到了3000人。随后,中共水口山党小组正式成立。

11月27日,湖南水口山矿工人俱乐部正式成立后,蒋先云召集各科代表,讨论如何改善工人待遇等问题。三日之后,他带领工人向矿务局提出"承认工人俱乐部有代表工人之权;津贴工人俱乐部的各种费用;增加工资,均分红利"要求,并且以全权代表身份递交工人俱乐部公函,每天函催矿务局答复。但是,矿务局却总是一推再推,不肯给出任何答复。在要求无果的情况下,蒋先云毅然领导发动水口山矿工人大罢工。

12 月 19 日，想要改变罢工状况的水口山矿务局局长赵铭鼎，在和一些人秘密商谈之后，邀请工人们的全权代表到矿务局谈判。得知这个消息后，蒋先云想到他可能是想借谈判的名义，将他们一干人等骗到那里，之后进行暗杀。尽管想到了这些，但为了工人的利益，他作好部署后，便和刘东轩毅然决然地直入虎穴。

到了矿务局之后，赵铭鼎马上露出一脸凶相，对蒋先云说："我告诉你，现在就告诉那帮工人立即开工，要不然，今天我就让你们死在这里。"但蒋先云毫不畏惧，他义正词严地说："要扣即扣，要杀即杀，正大光明，何所顾忌！不答复条件，决不开工！"这时，赵铭鼎大喊了一声，那些荷枪实弹的矿警们立即从门外闯入，瞬时就将蒋先云和刘东轩围了起来。与此同时，谢怀德也带领数千工人，层层包围了矿务局，并高呼着："不答复条件，决不开工！""谁杀害我们的全权代表，就放火烧掉矿务局！"那些被派出去镇压工人的矿警们，也被工人包围了起来。最终，赵铭鼎只得放走蒋先云和刘东轩。

诱杀的计划失败了，赵铭鼎不甘心，于是又想花钱去收买蒋先云，遭到蒋先云的抵制和揭露。一看贿赂不成，他又花钱雇用了杀手，去暗杀蒋先云。早就猜到他会用这一手的蒋先云，在群众的保护下，安然无恙。后来，赵铭鼎又以伪军营部名义，贴出布告，悬赏 1000 银圆，缉拿蒋先云。结果，看到布告的工人一把将它撕碎。随后，工人们将蒋先云安置到附近的康家戏台、毛冲魏家和麦子冲等地的工人农民家里，继续指挥革命斗争。慑于罢工的烈火，12 月 17 日，水口山矿务局答复工人提出的 18 条要求，历时 23 天的罢工斗争在蒋先云正确领导下，终于获得了成功。

人物心语

头可断，革命气节不可丢！

——蒋先云

陈乔年

陈乔年——主持创建秘密印刷厂，保证我党革命宣传工作

☞ **英烈小传：**

陈乔年（1902—1928 年），安徽怀宁人，陈独秀次子。1919 年赴法国勤工俭学。1922 年加入法国共产党，后经中共中央正式承认为中共党员。曾任中共北京地委组织部部长，中共北方区委组织部部长。1928 年 2 月 16 日，由于叛徒告密被捕。1928 年 6 月 6 日，陈乔年被国民党杀害于上海龙华。

1919 年 12 月，陈乔年和他哥哥陈延年为寻求救国救民的真理，动身去法国留学，他们在那里进行刻苦学习和实际斗争锻炼的同时，还接触到了无产阶级革命新思想——马克思主义。三年过后，经中共中央批准，他们一同加入了中国共产党。次年春天，经过党中央决定，陈乔年等人奔赴莫斯科东方劳动者共产主义大学进行学习。1924 年冬天，陈乔年遵照党中央的指示，回到了中国。

陈乔年回国后，就接到新的任务，党中央派他到北京进行革命工作，并委任他为中共北京地方执行委员会组织部部长。就这样，陈乔年带着自己的满腔热血来到了古城北京，随后就在李大钊的领导下，开始全身心地投入火热的斗争之中。当时反对帝国主义和北洋军阀卖国政府的政治斗争日趋高涨，但革命统一战线的内部矛盾也开始暴露出来，国民党右派想要破坏掉统一战线，除此之外，国家主义派也发出反共叫嚣。

对此，中共北京地委和北京区委觉得必须要加强宣传工作，只有这样，才能进一步统一思想战线。但由于军警检查十分严格，所以想要办刊物或是印传单都十分困难，为了保证安全，他们不得不经常换印刷

厂，有的印刷厂不敢承印革命宣传品，有的则乘机抬高印价。为了确保党的方针、政策能够及时得到宣传，指导群众进行革命斗争，回击各种反动谬论，李大钊在深思熟虑之后，决定在北京创办一个秘密印刷厂，并把这个任务交给了陈乔年。

在接到任务之后，陈乔年立即开始筹划和准备。1925 年 2 月的一天，陈乔年来到北京大学的一间教室里，在这里他召开了一次有关创建印刷厂的会议，召集有关同志进行了详细的探讨，并研究了创建印刷厂的具体事项。会议刚开始，陈乔年首先征求了与会者中经验丰富的印刷工人的意见，在整合大家的意见之后，由于时间紧迫，他便提出了两星期内把印刷厂办成的要求，在场的人都表示全力配合。会议结束之后，几位同志立即行动起来，分头进行工作，他们四处奔走，打听市场行情，选购旧机器和其他印刷用品，租赁合适的房屋做厂房，招收因罢工被资本家开除的印刷工人进厂工作。

在大家的共同努力下，不到 10 天，秘密印刷厂就正式开工了。没过多久，便确立了这个印刷厂的主要任务：翻印中共中央的机关报《向导》，印刷北京区委的机关报《政治生活》和一些传单等。为了躲开敌人的视线，避免受到其破坏，在白天的时候，印刷厂只承印市民的一般印件，只有到了夜里才开始印刷党的报刊和其他宣传品。

大约半年以后，敌人又开始大力搜查。为了避开敌人的耳目，印刷厂又迁移地址，更换厂名，使敌人一直也没搞清这个印刷厂的真实情况。就这样，这个由陈乔年主持创建的印刷厂，在敌人的眼皮子底下坚持工作了一年多，保证了《向导》和《政治生活》在北京及时、按期出版，为宣传我党的主张，推动革命运动的发展，发挥了巨大的作用。

人物心语

要为革命保重身体，好好学习，以便将来继续为党工作。

——陈乔年

关向应

关向应——不畏艰难，开辟大青山根据地

☞ **英烈小传：**

关向应（1902—1946 年），中国工农红军和八路军高级指挥员，辽宁大连人。1924 年加入中国社会主义青年团，第二年加入中国共产党。1932 年到湘鄂西革命根据地任湘鄂西军委主席和红三军政治委员。长征途中，任第二方面军副政治委员，曾坚决抵制张国焘另立中央、分裂红军的错误行为。1937 年与贺龙一起开辟了晋西北根据地。1946 年病逝于延安。

1938 年 5 月，毛泽东致电关向应、贺龙等人，指示他们："在平绥路以北，沿大青山脉建立游击根据地，甚关重要。请你们迅速考虑此事。"在接到毛泽东的电报之后，关向应就立刻命令正在雁北活动的部队，对平绥路沿线及其以北的武川、陶林、集宁、丰镇、兴和、张北、保康等地区进行了调查。在调查结束后，关向应、贺龙二人就把大青山情况以及他们对该地区战略地位的看法，报告给了中共中央军委。没过多久，毛泽东回电说："大青山脉的重要性如来电所述，该地区派何种部队，何人指挥及如何作法，由你们依据情况处理之。"

根据毛泽东的意向，八路军前方总指挥指示关向应、贺龙立刻召开一次大会，组织成立大青山支队：以李井泉为支队司令员，姚喆为参谋长，彭德大为政治部主任。7 月，在岢岚成立由武新宇负责的中共大青山特委和战动总会晋察绥边区工作委员会，准备与大青山支队同时进入绥远。

当时，由于国民党军溃败西撤，绥东地区只剩下少数共产党员分散活动，而日本人处于气焰嚣张时期，他们仗着在绥远有一个旅团和九个

师的伪蒙军，分别扼守于丰镇至包头的平绥铁路沿线，以及北至百灵庙、乌兰花，南至黄河边的各要点。他们经常吹嘘："中国军队根本没胆子再到绥远！""谁要是敢来绥远，我们就消灭谁！"就在这个时候，中共军委针对绥东敌情，指示关向应、贺龙："8月挺进大青山，进入大青山后，应先以主力进入归绥、武川、陶林、集宁之间地区，另以一个营活动于平绥路南，以保证大青山与雁北的联络。"

随后，经过一系列的充分准备，大青山支队和中共大青山地区特委、战动总会晋察绥边区工作委员会开始行动起来。当时正处于8月初，天气异常炎热，他们冒着酷暑离开驻地，直奔大青山。队伍出动前，关向应从岚县赶到部队驻地贾家堡，亲自布置战斗任务，并对部队战士进行鼓励。在他的鼓励下，所有前往大青山的干部、战士都斗志昂扬，情绪高涨。

随后，沿着崎岖的山路，大青山支队一直向前，在关向应等人的领导下，他们顺利突破了敌人的重重封锁。就这样，他们不分昼夜地向前挺进，经过一个月的艰苦跋涉，终于到达了大青山，并顺利与杨植霖等率领的蒙汉游击队会合。从9月初到12月底，他们和日军数次作战，都以胜利而告终，顺利在大青山和蛮汉山地区开辟了绥南、绥西、绥中三块游击根据地。虽然敌人在败北之后，又计划反扑，但都被他们英勇击退，随后，他们便建立了各级动委会，镇压了汉奸，消灭了土匪。

在一切稳定下来之后，关向应等人开始了初步的群众工作和蒙民工作，并成立了农民救国会等群众组织和自卫队、地方武装，扩大了中国共产党的政治影响，为进一步发展与巩固敌后抗日根据地打下了良好的基础。

人物心语

能够为人民劳动，便是最大的幸福。

——关向应

马耀南

马耀南——成功组织黑铁山起义

☞ 英烈小传：

马耀南（1902—1939年），名方晟，字耀南，山东长山（今淄博市周村区）人。1933年任长山中学校长。1937年年底开始组织黑铁山武装抗日起义。1938年6月任八路军山东纵队第三支队司令员，10月加入中国共产党。1939年7月，遭日军伏击壮烈殉国。

1937年12月，长山城被一群日军飞机轰炸了，炸弹纷纷落在了长山中学和县政府的附近。空袭事件发生的当天夜里，长山中学的党组织就召开了一场紧急会议，决定把师生拉到长山九区的卫固一带进行抗日，并打出山东人民抗日救国军第五军的番号。除此之外，会议还决定由马耀南任司令，廖容标任副司令，姚仲明任政委。

会议结束后，得到党组织通报的马耀南等人立刻展开了行动。姚仲明和廖容标带领师生去卫固，马耀南赴二区和八区联络人员和筹备粮款，几个人约好事情办完后在太平庄会合。按照计划，姚仲明和廖容标顺利带着师生百人到达卫固黑铁山下的太平庄。第二天在村小学集合全体师生，姚仲明宣读了《告同胞书》，宣布建立山东人民抗日救国军第五军。又过了一天，马耀南从二区赶到了太平庄。

马耀南和姚仲明等人探讨了两个大问题：一是吃饭问题，学生百人，给养无来源；二是武器，赤手空拳难打鬼子。马耀南觉得先解决吃饭问题尤为重要。思来想去，他决定开始动员九区的地方名流募捐粮食、给养和钱财，先解燃眉之急。第二天，赵明新便召集来20多名当地乡绅、商家和大户开会。

在大会上，马耀南分析了当前的形势，也说明了他们抗日的目的，以及目前他们粮食紧缺的状况，所以希望当地乡亲大力支援。他慷慨激昂的言辞，感动了在场所有人，那些父老乡亲都纷纷慷慨解囊。这让第五军的给养暂时有了保证。第五军的旗号打出之后，很多抗日救国的有志之士都纷纷来到黑铁山。当队伍一点点壮大起来之后，马耀南和姚仲明又对第五军重新进行了编排。这样一来，第五军编为了三个中队，队伍近 400 人，有枪 200 余支。

1938 年元旦，日军攻占了长山城。为了打击日军的嚣张气焰，马耀南立刻开会和大家商议，决定由廖容标率 30 名队员，化装成农民，夜袭长山城，且一举成功。不久之后，他们又在小清河上的陶唐口伏击了日军的一艘军船，并将以日军地区司令松井山林中将为首的 12 名日军全部击毙。两次胜利，让大家变得更有斗志，但是也惹恼了日寇。残忍的日寇除了发兵报复外，还把有上百户人家的陶唐口村烧了个精光。但是，第五军毫不畏惧，每次和日军交火，都以胜利而告终。

1938 年 3 月，马耀南召开了一次联合会议，参加会议的有邹平、长山、桓台、淄川、章丘五县代表。经过各方代表讨论，大家意见达成一致，各县新建武装都以第五军为中心，统一编制，统一指挥，团结一致，联合抗击日军。

这次会议过后，除与会的五县外，北至青城、高苑，西至历城，东及临淄、广饶等县的各类武装，也都陆续向第五军靠拢。至 1938 年 4 月，第五军队伍扩大到 5000 人之众。经过统一编制，组建成七个支队，下辖 30 个中队。就这样，鲁北地区的抗日运动涌向了新的高潮。

人物心语

求有所报命国家，获取较大代价之牺牲，方不愧生世间。

——马耀南

王尔琢

王尔琢——五斗江之战，粉碎敌人"进剿"

☞ 英烈小传：

王尔琢（1903—1928年），中国工农红军高级指挥员，湖南石门人。1924年加入中国共产党。1927年，任国民革命军第四军25师74团参谋长。1928年1月，参加领导湘南起义，任工农革命军第1师参谋长。1928年8月25日，在江西崇义思顺墟追击叛徒时英勇牺牲，年仅25岁。

1928年4月下旬，在蒋介石的指派下，国民党军杨如轩率领部下兵分两路，对井冈山革命根据地发动第二次"进剿"。中国共产党在得知情报后，立刻召开了会议，针对这次敌军的"进剿"计划开始严密部署反"进剿"计划。

这天清晨，太阳刚刚发出一丝光亮，共产党前卫团就已经进入黄坳，没想到却和国民党军第81团先遣营碰到了一起，随后两方开始进行激战，战斗持续了两个多小时，以我军取胜告终。这次战斗，歼灭了一部分敌军，剩余的一些残兵都向五斗江、拿山方向撤退。我军便继续向前，当日便进入了五斗江。

第二天早上，国民党的周体仁率领第81团由五斗江开来。他们强占五斗江下街背后的制高点长山冈，集中火力向正在集合的红军战士射击。只是，周体仁太大意了，这一切跟他所料想的根本不一样，在五斗江严阵待敌的并不是他以为的宜章农民自卫军第29团，而是王尔琢率领的身经百战的红军第28团。在他们疯狂进攻的同时，王尔琢团长镇定地站在队伍前列，沉着、镇定地分析敌情，并迅速布置好了战斗方案。

　　布置好战斗方案后，王尔琢立刻命令一营战士向敌军制高点长山冈发起强攻。他们以驳壳枪、排子手榴弹为武器，冒着枪林弹雨，蹚过水田，越过小溪，无所畏惧奋勇前进。这样一来，敌人根本无法火力全开。随后，勇猛的红军战士聪明地借助溪水、灌木丛、土堆等障碍物，一路向上接近制高点。等到和敌人达到适当的距离时，他们猛地用手榴弹一阵狠打，一时间，长山冈上爆炸声、惨叫声混在一起，没过多久，敌兵就撑不下去，落荒而逃。

　　红军顺利拿下制高点之后，敌人的后续部队困在山腰上，没有办法展开行动。这时，王尔琢指挥二、三营将山腰上的敌兵团围住，痛歼瓮中之敌。战争打响之后，忽然有人想出一条妙计，他从已经死去的敌兵身上剥下衣服，给自己换上，装扮成敌军军官，混入敌群，大模大样下达命令，叫一班士兵去抢占一座山头。敌人以为是真的，于是立即扭转身子爬山。这一下子，就将自己完全暴露在外，随着王尔琢一声令下，红军集中火力从后面无情地扫射过来。这时，一营战士也从山上猛冲下来，对准敌群猛冲猛打，敌军受前后夹击，溃不成军，纷纷丢盔弃甲，沿路逃命。红军立刻乘胜追击，一直追到五斗江以北的仓下附近，歼灭大部敌人。

　　第二天中午，在王尔琢的指挥下，红军追至永新县北岭，又击溃第81团余部和第80团的阻截，并乘胜向永新城急进。得知第81、第80团溃败的杨如轩，立刻吓得率部弃城逃往吉安。第79团在回防永新城途中闻讯后，也择道转向吉安。就这样，红军顺利进占永新城。此次战斗，红军第四军大获全胜，彻底粉碎了江西国民党军对井冈山革命根据地的第二次"进剿"。

人物心语

　　革命不成功，不剃头不刮胡子！

——王尔琢

李硕勋

李硕勋——带领 25 师攻克会昌城

☞ **英烈小传:**

李硕勋（1903—1931 年），中国共产党著名革命活动家和军事指挥员，四川高县人。1924 年，加入中国共产党。1928 年 5 月赴杭州，任浙江省委常委、军委代理书记。1931 年 6 月，任中共广东省军委书记，受党的委派，前去海南指导武装斗争。抵达海口后，因叛徒出卖而不幸被捕，英勇就义。

1927 年 8 月 19 日，日夜兼程的共产党起义军大部队终于顺利抵达瑞金，李硕勋带领 25 师也随后赶到。在彻底占领了瑞金之后，敌军南路总指挥钱大钧部集结于会昌一带，在城东北地区、城西北的岚山岭、城西面的寨峰一带以及环绕会昌城的贡水河岸构筑工事防守。桂军黄绍竑的约七个团聚集在附近的白鹅墟一带，成掎角之势，想要将起义军全部歼灭。分析了敌情之后，中共上级领导决定：集中兵力，消灭会昌之敌，再挥师南下广东。

在未到瑞金之前，25 师一直是打后卫，可没想到，刚到瑞金，他们就接到了战斗任务。为了赶上总攻时间，李硕勋立刻带领 25 师马不停蹄地一路疾行，不分白天黑夜，向会昌进发。但没想到，他们不熟悉路线，加上夜间看不清路，因而走错了方向，时间变得更加紧迫。李硕勋带领战士们快步流星地赶到指挥部时，战斗已经打响了。

周恩来没有批评因走错路而晚到的 25 师，而是和蔼地对他们说："部队是很疲劳了，可是会昌一定要打下来，你们有没有把握呀？"李硕勋拍了拍自己的胸脯，说："我们向党保证，一定打下会昌！"随后，他立刻回到 25 师的队伍中，召开了战前动员会，布置了各团的具体任务，特别强调党员、团员和各作战单位的指挥员要身先士卒，起模范带头作用。

8 月 30 日早上，总攻战斗正式打响。朱德率领的教导团、20 军第 3 师和 11 军 24 师首先发起进攻。战斗越打越激烈，一直打到下午，双方都相持不下。这时，李硕勋率领 25 师赶到，立即投入了战斗。75 团首先向寨崇发起了凌厉的攻势，夺取了一个山头，占领了有利地形。74 团迅速进入左翼岚山岭北端，然后发起冲锋，攻占了敌人的阵地。

在李硕勋等人的正确指挥下，73 团连续占领了几个山头，随后，便向高地以北的敌人主阵地发起了猛攻。敌人依托工事，以密集的火力疯狂地向进攻部队扫射。战斗打得非常激烈，前面的战士刚倒下，后面的就立刻扑了上去，一步步逼近敌人。敌人根本没料到 25 师会突然出现，并一气夺取了城西高地的几个山头，借着有利地势，我军各部乘机发起攻击。敌军见势不妙，准备渡河逃跑。见此，李硕勋马上命令各团发起冲锋。

听到命令后的 73 团马上用六挺重机枪对准敌人的主阵地，开始猛烈扫射。在一片炮火的掩护下，战士们一个个龙腾虎跃，都从山上冲了下去，似猛虎一般冲向敌人，不多久，便攻下了主阵地。敌人顿时溃不成军，立刻向会昌城抱头鼠窜。李硕勋一声令下："给我追！" 73 团、74 团迅速向会昌追击，战斗持续到下午四时，终于以胜利而告终，成功占领了会昌城。两天后，25 师和 24 师又击退了由洛口墟方向前来支援的敌军，歼敌两个营，缴获几百支枪。

人物心语

我的人生观是革命。

——李硕勋

夏云杰

夏云杰——组织游击队，创建太平川抗日根据地

☞ **英烈小传：**

夏云杰（1903—1936 年），东北抗联高级指挥员，山东沂水人。1932 年 11 月加入中国共产党。1933 年 8 月，夏云杰担任中共汤原中心县委委员，负责军事工作。1936 年 1 月 30 日，东北人民革命军第六军成立，夏云杰为军长，下辖四个团。1936 年 11 月 26 日为国捐躯。

1933 年 10 月，日伪军对中共汤原中心县委发动了攻击，致使县委成员仅剩下了夏云杰一人。随后，夏云杰找到了隐蔽在鹤立城北七号屯的党员，还有前游击队员，组建成了一支新的游击队伍。

游击队想要有所行动，手里必须有武器才行，想从别的地方弄是弄不到的，只有从敌人手里硬抢了。进入 11 月末，做好计划的夏云杰，在熟悉了东黄花岗伪军自卫团的情况后，派了几个人以卖烟土为借口，成功混进黄花岗自卫团的营房，而他自己则带着其余 20 多个队员隐蔽在院外。不一会儿，那帮团丁都围上来买烟土，就在这时，夏云杰带着 20 多名徒手游击队员一拥而进，三下五除二地缴了这帮团丁的枪。

1934 年 3 月 22 日，在夏云杰的指示下，戴鸿宾带着六名队员化装成农民混入鸭蛋河街。按照事先的计划，鸭蛋河区委书记李凤林和他舅舅吵吵嚷嚷地一边厮打，一边向伪自卫团的大院走，说是要到"衙门"讲理。伪自卫团的人看进来一对打架的，都围了过来看热闹。结果，人一全出去，戴鸿宾就亮出了手里的枪。伪自卫团团长高魁一见这阵势，

当时就傻眼了，只好让团丁把 14 支枪全交出来，游击队员随后又缴了 13 名前来开会的反动地主的枪。

在武器充足的情况下，5 月，夏云杰便开始带着游击队正式展开游击战，他们先是袭击了鹤立农场日本特务组织"民会"，消灭了凶恶的日本特务，袭击了太平川警察分驻所。随后，又攻打了太平川西大岗的反动地主据点。为了攻下黑金河通往太平川的二道岗，夏云杰头部受伤后，还在不停地指挥战斗，游击队伍瞬时情绪激昂，在一片怒吼声中，成功攻下了敌人顽固防守的炮台，取得了胜利。在夏云杰的领导下，游击队历经无数次战斗，狠狠打击了日伪反动派，除此之外，还缴获了许多武器弹药，取得辉煌战果。为表彰夏云杰，中共满洲省委于 10 月，任命夏云杰为汤原反日游击总队政治委员。

为了加大打击日本侵略者和汉奸伪政权的力度，夏云杰开始号召广大人民群众加入抗战队伍中来，配合游击队，一起并肩作战。在他们的共同努力下，没过多久，又接连摧毁了从格节河至石场沟的许多敌人据点，看到这份成果，广大群众都欢呼雀跃，与日军作战的信心倍增。人民群众的抗日热情不断高涨，与此同时，反日游击队迅速发展壮大，游击队员达到 400 人，成为一支重要的抗日队伍。

夏云杰见太平川的人民群众已经有了极高的抗日热情和觉悟，认为在这里建立抗日游击根据地的条件已成熟，加上这里地势平坦又依山傍水，具有建立抗日游击根据地的地理条件，于是从夏天开始，他率领部队，在人民群众的支援下，打掉了驻太平川的伪警察署，又拔掉了日伪反动派的三个据点，使这里的抗日游击区连成一片，从而创建了太平川抗日根据地，为进一步开辟、扩大、巩固抗日"红地盘"奠定了基础。

人物心语

只有中国共产党才能救中国。

——夏云杰

刘志丹

刘志丹——渭华起义，播下革命火种

☞ **英烈小传：**

刘志丹（1903—1936 年），陕西保安人。陕北红军和苏区创建人，中国工农红军高级指挥员。1924 年冬加入中国社会主义青年团，1925 年转为中共党员，同年冬被党组织派往广州黄埔军官学校学习。1928 年 4 月，参与领导了渭华起义。1931 年创建中国工农红军陕甘边游击队。1936 年 4 月 14 日，在攻打山西中阳县三交镇时牺牲，年仅 33 岁。

1928 年 4 月，李虎臣想要独霸陕西，于是提出反对冯玉祥，并发动了战争。中共陕西省委在得知此消息后，认为军阀内部混战，正好为渭华起义提供了有利条件，于是立刻下达了起义命令。接到指示后，刘志丹率领部队，立即从反冯战争前线撤出，开赴潼关南源宣布起义，并向高塘镇挺进。

5 月中旬，西北工农革命军正式诞生。这支队伍由刘志丹任军委主席，唐澍任总指挥，许权中任军事顾问。从那之后，刘志丹就领导西北工农革命军和陕东特委赤卫大队，大力帮助农民群众开展反对地主豪绅的斗争，进一步推动了渭华起义的发展。百姓们大受感动。很快，工农军举行起义的事就传到了敌人的耳朵里。

国民党立刻就有所行动了，他们集中了三个师和地方上的反动民团兵力，向西北工农革命军发动了三次进攻。在刘志丹等领导指挥下，工农军胜利粉碎了敌人的两次进攻。两次战斗之后，刘志丹马上抓紧时机，结合实际对部队进行政治教育和鼓励。大家听完他的讲话，各个都对革命战斗充满热情与信心。随后，他又立即召开了军委会议，分析了敌我形势，做出了正确决策。他说："我们虽然已取得两次胜利，但仍处于敌军四面包围之中，敌军数十倍于我，加之这时冯、李言和，冯玉祥定会回师陕西，大军压境。我们如与敌人硬拼下去，势必粮尽弹绝，全军覆灭。我们应立即作转移到陕北的准备，到那里建立革命根据地。"

一切和刘志丹预料的一样，6月9日，宋哲元以三个师的兵力，配以骑兵、炮兵，突然向革命军开始了第三次大的进攻，敌军分东、中、西三路疯狂扑来。革命军撤向陕北的路线被敌军切断。刘志丹、唐澍、许权中分别指挥部队奋勇抗击数十倍于己之敌，战斗异常激烈。几日的激战之后，起义军被打散了。刘志丹带领三百余人翻越秦岭退到了洛南两岔河地区，指挥部队继续打土豪、分财物以发动群众。还没等站稳脚，便遭到了李虎臣部从潼关撤下来的五个残旅的围攻。在战斗中，很多重要的党员战士都壮烈牺牲。刘志丹、谢子长率三大队奋力冲出重围。

后来，他们和打散的起义军在蓝田县境内张家庙会合，在那里，他们召开了一次紧急会议。会议上，刘志丹总结了起义失败的原因，并果断地做出决定：暂时收起红旗，已公开的党员先离开部队，部队仍然由许权中率领，开展统一战线工作，设法保存党领导的这一支革命武装力量。之后，刘志丹等去省委汇报，后来又回到陕北开辟革命根据地。

尽管渭华起义失败了，但在西北地区以至全国造成了一定的革命声势，震撼了国民党反动派的统治，沉重地打击了国民党反动势力的嚣张气焰，极大地鼓舞了人民革命斗争，在西北大地上播下了革命火种。

人物心语

革命需要建立统一战线，敌人越少越好，朋友越多越好。我们增加一份力量，敌人就减少一份力量。

——刘志丹

陈铁军

陈铁军——协助周文雍工作，被捕不屈就义

☞ **英烈小传：**

陈铁军（1904—1928年），女，原名陈燮君，广东佛山人。1924年秋考入广东大学文学院预科。1925年参加五卅运动和省港大罢工的宣传工作。1926年4月加入中国共产党。大革命失败后，1927年10月，受党的派遣，装扮成周文雍的妻子，并参加了广州起义。1928年1月27日被叛徒出卖，与周文雍同时被捕。1928年2月6日，英勇就义。

1927年4月12日，蒋介石背叛革命合作协议，在上海命令白崇禧执行了政变计划，开始大肆屠杀共产党人。15日，广州的反动军阀也开始对共产党发动了进攻。当日凌晨，大批反动军警将中山大学团团围住。得到情报的陈铁军，在千钧一发的时刻，爬墙头，攀大树，幸运地逃出了敌人的魔掌。她这样做，不是放下学生不管，而是为了尽快执行组织下达的命令。

在顺利逃出中山大学之后，陈铁军立刻换下身上的衣物，进行了一番装扮后，巧妙逃过军警的耳目，从城内跑到西关，通知因难产而在医院留医的邓颖超撤退。

后来，由于军警严查，陈铁军没有办法和党中央取得联系。她的哥哥想方设法找到她后，想送她去国外留学。但她一心想为革命做出贡献，于是坚决拒绝了。没过几日，陈铁军顺利和党中央联系上了，在党中央的指示下，她接受了新任务，和周文雍以假夫妻名义租房子，在广州建立地下市委机关。就在准备广州起义的时候，陈铁军的妹妹陈铁儿也住进了机关，担任交通员，她负责掩护陈铁军和周文雍。

为了让广大的群众看清楚汪精卫的假左派真右派的反动面目，周文雍带着那些失业工人向汪精卫请愿，结果却被捕入狱。陈铁军想尽办法进行营救，陈铁儿在她身边也出了不少力。随后，广州起义爆发，为了支援起义军，陈铁军和陈铁儿带着女工们，开始日夜不休地缝制广州苏维埃政府的红旗，以及起义部队需要的红领巾。

没过多久，广州起义失败了，在中央领导的指示下，周文雍和陈铁军、陈铁儿立刻撤退到省委所在地香港。次年1月初，周文雍与陈铁军不顾危险，继续以夫妻的身份潜回广州，展开战斗。陈铁儿也一道返回广州工作。

又过不久，广州市委发动"春节骚动"的传单落到敌人手里，随即敌人便在全市开展大搜查，白色恐怖更加紧张。一天上午，广州乐安坊的一个秘密机关被破获，被抓的叛徒供出了陈铁军的活动据点。到了下午四点左右，大批的国民党反动军警将市委机关包围了起来，在邻居的掩护下，陈铁儿成功逃脱，而陈铁军和周文雍就没那么幸运了，他们一起落入了敌人的手里。

敌人逮捕了陈铁军和周文雍之后，开始对他们进行严刑拷打和名利的诱惑，但他们都不为所动，始终坚强不屈。1928年2月6日，敌人将周文雍和陈铁军押送到红花岗刑场上进行枪决，他们沿途高呼"打倒国民党反动派！""中国共产党万岁！"在《国际歌》声中从容就义。

人 物 心 语

同志们，永别了。望你们勇敢战斗！未来是属于我们的！

——陈铁军

段德昌

段德昌——被诬就义,共和国"烈士证"第一号

☞ **英烈小传:**

段德昌(1904—1933年),中国工农红军杰出指挥员,湖南南县人。1925年,加入中国共产主义青年团,同年转入中国共产党。1929年春,段德昌率洪湖游击队进入江陵、石首、监利开展游击战争,建立了三县红色政权。1933年,在"肃反"中遭诬陷被杀害。

1931年,蒋介石命令手下的五个旅朝洪湖苏区直扑过来,很多根据地失陷。在分析敌情之后,段德昌和毛泽东一样,制定了"打虚不打实,打则必胜"的战略,蒋军的五个旅被打得到处乱跑,红军没打成,倒把自己搞得狼狈不堪,最后,只能被迫撤出了洪湖。几次反"围剿"战斗中,最精彩的就是第三次,段德昌率领部下歼灭蒋军万余人,同时还得到了一万多条枪,这对革命事业的帮助实在是太大了,所有人都十分欢喜。可是这美好的一切,都在奉行极"左"路线的王明派来的"钦差大臣"夏曦来到洪湖后改变了。

因为看不惯洪湖红军和地主富农阶层的"友好",夏曦认为这是背叛革命,所以就开始了一系列的大型整顿:"清洗"那些"革命目的不坚定"的红军指战员。段德昌一边率军同敌苦战,一边同夏曦"左"的路线做坚决斗争。就因为夏曦胡乱"肃反",把战士们都搞得人心惶惶的,最后丧失了洪湖根据地。对此,段德昌痛心疾首,他多次向夏曦提出恢复洪湖苏区的设想和建议,并立下了"给我40条枪,三年内不恢复洪湖苏区,提头来见"的誓言,可是全被拒绝了。

短短两年时间,已经有大批的红军指战员因为"肃反"而冤死,这

给整个红军内部造成了极大的恐惧和震荡，段德昌知道，夏曦早就看自己不顺眼了，早晚会对自己下毒手。他想的果然没错，不久之后，他在去总部开会时，夏曦就以"逃跑主义"的罪名下令逮捕了段德昌。这所谓的"逃跑主义"应该是指段德昌在三次反"围剿"时打的游击战。段德昌根本就不怕死，可是想到革命事业还没成功，他不甘心就这样死去，于是他和夏曦商议："给我三年时间，要是三年我干不出成绩，再死也不迟。"可是夏曦根本没有理会。得知段德昌被捕后，贺龙多次同夏曦据理力争，均未奏效。

1933年5月1日，是段德昌被执行死刑的日子。中午时分，几名持枪战士推着他离开会场。忽然间，贺龙出现了，他端着一碗粉蒸肉走到段德昌面前，眼中含泪地说："德昌，吃点吧。"段德昌抬头看了看贺龙，几滴泪珠滚了下来。贺龙亲自动手给段德昌解开绳索，之后把粉蒸肉递给了段德昌。段德昌接过粉蒸肉，慢慢地吃了几口，而后就把粉蒸肉递给贺龙，挺胸走向刑场。贺龙含泪转身，段德昌高呼："同志们，永别了！祝革命早日成功！中国共产党万岁！苏维埃万岁！"

见此情形，夏曦立刻喊道："赶快行刑！"片刻后，段德昌就被一刀砍死。就这样，这位为创建新中国而苦苦奋斗的军事奇才含冤牺牲了。当时好多在场的战士都眼含热泪，心如刀割。而贺龙见段德昌已死，心痛得顿时出声大哭，瞬时间，刑场周围响起了阵阵哭声。

人物心语

共产党人砍脑壳也要讲真话，我相信中国革命一定会胜利。

——段德昌

陈树湘

陈树湘——断肠明志，为苏维埃流尽最后一滴血

☞ **英烈小传：**

陈树湘（1905—1934年），中国工农红军部高级指挥员，湖南长沙人。1925年加入中国共产党。1934年11月下旬，率全师6000名红军将士，同十几倍于己的敌军鏖战四天五夜，成功掩护红军主力和中共中央、中央军委机关抢渡湘江。1934年12月9日，身负重伤被俘，在押送途中慷慨就义。

1934年12月，躺在担架上的陈树湘带领师部剩下的一百余人，来到了道县驷马桥附近的早禾田，没想到在这里，他们遭遇了道县国民党保安团的伏击。"嘭嘭嘭"的枪声，一下子就震醒了昏迷多时的陈树湘。知道敌人来袭，他立刻忍强剧痛爬了起来，在两个战士的搀扶下，开始指挥战斗。经过一番激烈的战斗之后，道县保安团终于被成功击退，这时，已强撑多时的陈树湘再次陷入昏迷。

看着师长脸上那痛苦的神情，战士们的心就像油煎般难受。突然，一个战士大吼一声："咱现在出去，就跟他们拼了，为师长报仇！"说完，就立马拿起枪往山上冲。其他战士也积极响应。就在这时，陈树湘被一阵喧哗惊醒，认识到事态的严重，马上拼尽全力大喊："你们回来，不准胡来！"

听到师长的命令，战士们马上停住脚步，立刻围在师长身边。泪水在战士们的眼睛中打转，但他们都控制着不让眼泪滑落下来。随后，在战士的帮助下，陈树湘坐了起来，环视着身边这些可爱的战士，吃力地说："你们怎么能斗一时之气，要跟敌人拼了呢？敌人的目的，就是要

消灭我们，恨不得我们跟他们拼。现在，原路返回已不可能了。大家做好突围的准备，一定冲出去！"说完这番话，他又对王参谋长说："老王，你是老同志、老党员，我把这支队伍交给你，你一定要将他们带出去！现在环境如此恶劣，我现在这样是不可能冲出去了。你带队突围，我掩护。冲出一个算一个，咱决不能让敌人的阴谋得逞！"

说完这番话，在场的战士们眼泪都掉了下来。歇息了一阵之后，他们开始行动起来，一边和敌人作战，一边前进，直到到达银坑寨，他们再次击退道县保安团的进攻。这时，陈树湘用绑腿死死地扎紧自己身上的伤口，毅然决然地挣扎着站起来，端起一挺机枪，带着两个警卫员和一个机修员，占领银坑寨附近的洪都庙。很快，敌人又开始进攻了，这一次，他们来的人数更多，江华、道县、宁远三县的保安团从四周蜂拥而上。依据洪都庙的有利地形，陈树湘带领部下阻击敌人，掩护同志们突出了重围。就在这时，陈树湘的子弹打光了，机修员牺牲了。见此情景，敌人立刻叫嚣着扑向洪都庙。

就这样，陈树湘被保安团抓住了。保安团一营营长何湘，见到陈树湘之后，开始对他诱哄、威胁，妄图从他口中得到红军的情报，但陈树湘始终不发一言。18日清晨，何湘动身将陈树湘抬往道县县城，想借此向上司邀功。没想到，当行至道县附近的将军塘时，陈树湘乘敌军不备，咬紧牙关，忍着剧痛，将手从伤口伸入腹部，抠出肠子，使尽全力，大叫一声，绞断肠子，壮烈牺牲。就这样，他用自己的行动实践了自己"为苏维埃流尽最后一滴血"的豪迈誓言！

人物心语

现在重要的是保存革命力量，你们都是革命的火种，要想尽一切办法冲出去！

——陈树湘

杨靖宇

杨靖宇——迂回行进两千里，击破"秋季大讨伐"

☞ **英烈小传:**

杨靖宇（1905—1940 年），抗日民族英雄，东北抗联创建人和领导人，河南确山人，1926 年加入中国共产主义青年团。1927 年 4 月参与领导确山农民暴动，同年 5 月转入中国共产党。1928 年到开封、洛阳等地从事秘密革命工作。1929 年赴东北，任中共抚顺特别支部书记。1934 年任抗日联合军总指挥。1940 年 2 月 23 日，在吉林濛江三道崴子壮烈牺牲。

1935 年 8 月，日伪军开始对河里根据地进行大力"讨伐"。密密麻麻的日伪军包围了一军司令部所在地临江板石沟周围的每一座村庄，每一条要道口。为了突破敌人重围，重新掌握战争的主动权，杨靖宇思前想后，决定给敌人来一个声东击西。

15 日，杨靖宇又带领军部教导团 150 人向西行进，他不走大路，专走林间小路，穿山越岭，直到进入柳河境内，寻找敌人包围圈的薄弱环节。五日后，杨靖宇带领部下忽然对驻守柳河黑石头大道的 300 名伪军发起了猛攻。这场战斗，一共毙伤敌人 60 余名，俘虏 10 余名，缴枪 150 支，胜利突出重围。

10 月中旬，杨靖宇开始将军部教导团一分为二，一部以急行军速度向东直插，进至位于中朝边境上的辑安。而他则率领少数部队，往西寻找失利的一师部队，与其合兵一处。不久，东出辑安的部队按照他的命令，有意"暴露"一军军部的番号。然后，杨靖宇派出许多侦察员，严密监视敌人的动静。没想到，作为杨靖宇老对手的日伪军指挥于芷山早就想到了这可能是一场计谋。他采取了置之不理的态度。于芷山的举动出乎杨靖宇的预料，杨靖宇当下决定：率部向敌人大后方长途出击！

11月下旬，日夜兼程的杨靖宇率领军部成功进入宽甸境内，并于28日攻下了宽甸县步达远镇。杨靖宇的突然出现，立即引起了整个南满的震动。大连、奉天等地的日伪政权赶紧联系于芷山。在接到报告之后，于芷山急调驻防奉天的伪军前去"讨伐"。

此时，杨靖宇正站在步达远街头，向群众进行抗日宣传，他假意告诉群众，说部队要分两路西进和南下，准备解放辽东半岛，光复沈阳。集会结束后，杨靖宇率部一路急行"南下"，当地的汉奸立马将事情报告给奉天和大连，于芷山和大连日军空前紧张起来。可谁知，杨靖宇南进了数十里，突然掉头进入山林，折向西北，两天一夜行进了300里，悄悄到达本溪城外，并在12月末的一晚，对本溪郊外的日本碱厂发起了突袭。本溪是辽东重镇，与奉天近在咫尺，奉天的城防军已被于芷山派往辽南，城中除了伪警察就再没有了别的兵力。于芷山吓得当即命令"讨伐"军队回师辽南、本溪、奉天各地，部署防御。至此，"秋季大讨伐"再次以失败告终。

在短短不到五个月的时间里，杨靖宇孤军南征，在敌人统治严密的地区迂回行进两千多里，东至中朝边境，南到辽南，西到本溪，到处开花，谱写了东北抗日游击战争史上极为光辉的一章。

人物心语

革命就像一堆火，看起来很小，可燃烧起来能烧红了天，照亮黑夜。革命，不管遇到多大困难总会胜利的！

——杨靖宇

左权

左权——八昼夜激战，守卫太行山根据地

☞ **英烈小传：**

左权（1905—1942 年），中国工农红军和八路军高级指挥员，湖南醴陵人。1925 年加入中国共产党，同年 12 月赴苏联学习。1934 年参加长征，参与指挥强渡大渡河、攻打腊子口等战斗。1936 年，他担任红一军团代理军团长，率部西征并参与指挥山城堡战役。1942 年 5 月，指挥部队掩护中共中央北方局和八路军总部等机关突围转移，不幸牺牲。

1939 年，已经拥有 29 万八路军的太行山根据地面临一个问题：武器装备并不够用。为了更好地守卫这里，左权亲自进行了几次现场勘测，随后，将适合防守的阵地标上地图、编上号次，并对在哪里应用什么武器御敌做了具体部署。

次年 10 月底，日军开始行动，他们率部以 5000 余人的兵力直扑黎城、赤岸、西井等八路军驻地。11 月 8 日，两千余日军开始向黄崖洞逼进，并连续发动了三次偷袭，结果却是在沟外踩响了密布的地雷，被炸飞了无数人，他们吓得只能退了回去，根本没办法进入"瓮圪廊"。没过多久，日军在整顿后，又集中了所有重炮、山炮、迫击炮直接瞄准黄崖洞南口阵地轰击。炮火一停，日军步兵强攻南口阵地。左权一看，马上指挥部下，从左右两翼的三个阻击点在日军进攻线上构成密集火力，前面用步枪、机枪、手榴弹，后面用麻尾弹，使进沟的日军既进不去又出不来。没想到的是，那些日军竟然开始利用同伙的尸体搭成"尸墙"，想踩着他们爬上断桥平台进入洞口。但日军没有得逞，凡是爬上来的，都被战士们打了下去。

　　很快，日军就改变了原来的计划，开始奔向左会山垭口，由此截断我军退路，造成前后夹攻之势。不过这一点，左权早就想到了，他立即下令："129师部队听我命令，现在立刻赶回原地。"现在日军只剩南口阵地那唯一的出路，为了能够在那里突破，他们竟然放燃烧弹和毒气弹，这造成了守在那儿的特务团三营部分战士伤亡。敌人的做法让我军战士激愤不已，他们强烈要求出击。但这正是敌人的阴谋，想逼我军主动出战，因为一旦兵力两分，防线就很容易被敌人所攻破。所以，左权亲自给特务团团长欧致富打电话："敌人如此疯狂挑战，是想诱我出击。你们要坚守勿出！要坚持以静制动的战术原则！"

　　五日后的清晨，因为我军有人叛变，日军忽然转变了作战方式，开始集中十余门大炮对我军防备最弱的黄崖洞南口阵地东侧悬崖跑马站一四一六高地和两侧工事进行猛烈炮击。左权立刻组织兵力前去支援跑马站。战争持续到晚上，日军的增援部队已经赶到，随即他们又以猛烈炮火猛轰跑马站。坚守在悬崖阵地上的四连一排18名勇士用手榴弹、刺刀与敌展开肉搏，但终是寡不敌众。次日早上，日军占领了跑马站，随后，便向我南口第一线阵地侧击。这时，左权沉着冷静地分析敌我形势，之后，他命令特务团再坚守三天，然后马上调陈锡联指挥部队11日起围袭东阳关赵店的日军，并于14日起奇袭黎城守敌，攻入城内。当日军正要回援之时，左权又迅速调陈锡联急速驰援黄崖洞，夺得日军右侧阵地。最终，经过八个昼夜的激战，我军以不足一个团的兵力英勇抗击，歼敌一千余人，成功结束了战斗。

人 物 心 语

　　我一切为党工作，为党的路线斗争。

——左权

卢德铭

卢德铭——指挥秋收起义，为掩护战友牺牲

☞ **英烈小传：**

卢德铭（1905—1927年），四川自贡人。1921年考入成都公学，开始接受共产主义思想，后投笔从戎报考黄埔军校。1924年加入中国共产党。曾任国民革命军第四军独立团二营四连连长，打了不少大胜仗。1927年9月，指挥部队掩护毛泽东率部突围，终因寡不敌众，最后壮烈牺牲。

1927年9月，在江西安源张家湾，毛泽东以中央特派员的身份主持召开军事会议，会议中，确认了湘赣边界秋收起义的具体部署，成立了前敌委员会，并决定将参加秋收起义的警卫团和各地的工农武装统一改编为工农革命军第一军第一师，由卢德铭任总指挥。

几日后，由于计划失策，导致起义受挫。随后，起义部队在文家市会师。会师当晚，毛泽东就召开了前敌委员会，和大家共同商讨部队进军方向的问题。这次会议极为重要，在围绕关系中国革命前途和道路的重大问题上，大家纷纷提出自己的想法与建议。在听取大家的意见之后，毛泽东也说出了自己的主张，他根据当前敌强我弱的形势，决定放弃攻打城市的计划，而是避开敌人，先到湘赣边界敌人统治比较薄弱的山区建立农村革命根据地，保存和积蓄革命力量，走农村包围城市，最终夺取政权的道路。

毛泽东刚说完，师长余洒渡、三团长苏先骏等人就站出来表示反对。他们认为一次小小的受挫，并不代表计划已经失败，所以反对向农村退却，不考虑当前状况，顽固坚持执行原计划不变。两方顿时争执不下，就在这时，卢德铭再次坚决地站在了毛泽东一边，拥护毛泽东"向

罗霄山脉进军，建立革命根据地"的正确主张，反对余洒渡提出的"取浏阳直攻长沙"的错误路线。他诚恳地对大家说："大家伙儿好好想想，现在敌人集中所有兵力来打我们，我们不能硬着来，这关系到生死存亡的问题，若我们执意去打长沙，很有可能就全军覆没了。"听了他的话，大家冷静下来，最后决定执行毛泽东的正确主张，部队沿罗霄山脉向南转移。

20 日早上，天刚微微亮，毛泽东、卢德铭就带领起义部队从文家市向井冈山进发，走了一天之后，傍晚时分抵达萍乡县桐木镇，起义军在那里睡了一夜，第二天又启程出发，到达小枧，隔了一天，顺利进入了萍乡芦溪镇。23 日一早，起义军继续前行，他们从芦溪更田村出发沿芦溪河一路行进，毛泽东和卢德铭率领指挥部走在前面。但爬上离芦溪镇15 里的山口岩时，忽然间，江西军阀朱培德的特务营和江西第四保安团就冲了出来，原来他们早在此准备伏击。

由于没有任何准备，起义军只得仓促应战。在一片混乱之中，有很多刚刚参军不久，不熟悉作战的农民战士开始四处逃散，眼见部队就快要被敌人打垮了。就在这时，总指挥卢德铭挺身而出，他冒着生命危险亲自率领一个连折向队伍的后面，占领路旁高地阻击敌人，掩护毛泽东和部队转移。

在这场激战中，敌人早就做好部署，占领了附近的一个山头，借着这居高临下的优势，他们朝着卢德铭所在的阵地疯狂扫射，雨点般的子弹"嗖嗖"飞来。即便如此，卢德铭也毫不畏惧，他仍继续指挥战斗，很快，数发子弹穿透了他的胸膛，他当场壮烈牺牲，为革命献出了自己年轻的生命。

人物心语

要打倒列强，铲除军阀，只有靠枪杆子的实力才行。

——卢德铭

冼星海

冼星海——创作抗战史诗《黄河大合唱》

☞ **英烈小传：**

冼星海（1905—1945 年），曾用名黄训、孔宇，出生于澳门，中国近代著名作曲家、钢琴家。1929 年去巴黎勤工俭学，师从著名提琴家帕尼·奥别多菲尔和著名作曲家保罗·杜卡。1935 年回国后，积极参加抗日救亡运动。1939 年 6 月，加入中国共产党。1945 年 10 月因劳累和营养不良，肺病日益严重，最后病逝于莫斯科。

1939 年 2 月的一晚，天空中挂着皎洁的明月，冼星海走了二十多里地的路程，来到好友、青年诗人光未然养伤的医院。他们俩曾经合作过一些歌曲，彼此之间相互欣赏，还有着深深的默契。

两人相见之后，十分开心，随后就聊了起来，说着说着，光未然便提道："我现在正在创作一首讴歌黄河的长诗。"冼星海听后，迫不及待地说："我也早想写一部以黄河为题材的大型音乐呢，你能不能把这首诗改写成歌词，让我来谱曲？"光未然拉着冼星海，激动地说："好啊，我们再来一次合作！"

没过多长时间，光未然就在病床上写完了《黄河大合唱》的全部歌词。一天，冼星海又来到医院里看他，他便朗诵了起来。冼星海听完，顿时热血沸腾，激动地说："这是一部歌颂中华民族的史诗，我要把它写成一部代表中华民族伟大气魄的大合唱！"

从那天开始，每个夜晚，冼星海都把小书桌放在靠窗的炕边，一边思考，一边提笔谱曲。那时候，才刚刚初春，夜里还很冷，冼星海身穿灰布棉衣，凑着一盏小油灯，边读歌词边哼着曲调，谱写着一个又一个乐章。感觉困的时候，他就坐在小书桌前，双手抱头，小睡一会儿，然后又坐起再写。要是饿了，就抓几颗煮熟的红枣塞进嘴里，之后又继续投入创作之中。就这样，经过了六天的时间，他终于完成了《黄河大合唱》的全部乐章。

1939 年 5 月 11 日晚上，陕北公学大礼堂举行了庆祝鲁迅艺术学院成立一周年晚会。在这个晚会上，《黄河大合唱》进行了第一次公演。毛泽东等领导人都来参加，冼星海亲自指挥。

《黄河大合唱》在朗诵中开始。人们的心立刻被气势磅礴的音乐效果所征服。昂扬奋进的《黄河船夫曲》，豪迈深沉的《黄河颂》，情深意切的《黄水谣》，正气勃发的《河边对口唱》，如泣如诉的《黄河怨》，雄壮有力的《保卫黄河》，直到磅礴激越的《怒吼吧，黄河》，《黄河大合唱》像奔腾的黄河一样，那么壮观，令人振奋。

在演出结束之后，冼星海转过了身，面向台下的听众，带领全场听众和演员一起高唱《保卫黄河》。"风在吼，马在叫，黄河在咆哮！"歌声一停，毛泽东从座位上站起来，连声说："好！好！好！"冼星海也激动得热泪盈眶。就这样，《黄河大合唱》以深刻的主题、独特的艺术风格得到了在场所有人的认可。

从那天开始，《黄河大合唱》就迅速在中国大地上传唱，成为抗战救亡的精神号角，并推动了团结抗日的形势发展。它那激昂有力的声调，回响不绝，震撼人心，经久不衰。后来，周恩来也为冼星海题词："为抗战发出怒吼，为大众谱出心声！"

人物心语

我们的幸福是以解放民族，解放人类为目的。

——冼星海

周文雍

周文雍——建立广东工人武装，
领导工人罢工

☞ **英烈小传**:

周文雍（1905—1928 年），广东开平人。1923 年加入中国社会主义青年团，1925 年加入中国共产党。曾任中共广东区委工委委员、广州工人纠察队总队长、中共广州市委组织部部长兼市委工委书记等职。1927 年 10 月，周文雍被选为中共广东省委候补委员，投入广州起义准备工作。1928 年 1 月 27 日，被敌人抓捕。1928 年 2 月 6 日，英勇就义。

1927 年 4 月，蒋介石撕毁国共合作协议，开始在上海发动反革命政变，对共产党员进行大肆屠杀，三天之后，广东的反动派也发动了反革命大屠杀。一些重要的共产党员如萧楚女、刘尔崧等多人都被反动派抓走或杀害。反动派发布通缉的名单中，周文雍赫然在列。即便如此，他也没有离开广州，而是仍然机警地坚持战斗，并受党的委托，接替刘尔崧，担任了广州工人代表大会主席。

18 日上午，周文雍紧急召开了一场会议，制订了对付敌人猖狂进攻的斗争方案，发表了《反抗国民党反动军阀残暴大屠杀的宣言》，提出了"打倒蒋介石和一切军阀"等口号。随后，党中央发出指示，令周文雍以及其他一些同事尽快把各工会的工人纠察队和会员秘密组织起来，建立广州工人的地下武装。

进入 9 月，反动派头子张发奎率领余部从江西回到广东，为了顺利夺取桂系军阀在广东的地盘，他开始假意讨好工人，暂时停止对他们的压迫，想要得到他们的好感和支持。根据这样的形势，党中央又给周文雍分配了一个新任务，那就是将酝酿了五个月之久的广州工人运动由秘密转向公开，重新打出旗号，鼓舞工人群众的斗志。

时间很快到了 10 月，军阀之间开始混战，趁着这样的好时机，周文雍立刻召开了广州工人代表大会，一番探讨后，决定尽快发动工人群众举行罢工。张发奎在得知工人即将举行总罢工后，当即撕下了假革命的面具。19 日一早，他就命令军警逮捕了海员工会委员 45 人、省港罢工委员会委员 30 人，强行解散罢工工人纠察队，并四处张贴禁止罢工的"公告"。就这样，工人运动被暂时镇压了下来，广州又笼罩在白色恐怖之中。周文雍等人商讨之后，决定改变罢工的计划和斗争策略。随后，立刻展开行动，组织一支大约一千人的工人队伍，分成一百个小组，隐蔽分布，让那些军阀们以为罢工已经取消了，就此而迷惑了敌人。

10 月 23 日，周文雍见时机成熟，趁着反动派毫无防范之际，按时下令，一千名工人立即从一百个地方涌上街头，汇成队伍，散发传单，高呼口号，游行示威。见工人们罢工，反动军警大吃一惊，不知所措。这次罢工斗争，在广州工人中造成了极大的影响，它有力地打击了军阀统治，给百姓们出了一口恶气，同时也增强了他们反军阀的信心。

人物心语

头可断，肢可折，革命精神不可灭。壮士头颅为党落，好汉身躯为群裂。

——周文雍

毛泽覃

毛泽覃——掩护战友突围，英勇牺牲

☞ **英烈小传：**

毛泽覃（1905—1935年），湖南湘潭人。1923年10月加入中国共产党。由于卓有战功，曾获一枚二级红星奖章。1934年10月中央红军主力长征后，任中共中央苏区分局委员、红军独立师师长、闽赣军区司令员。1935年4月26日，在江西瑞金红林山区被国民党军包围，为掩护游击队员脱险而牺牲。

1935年4月25日，在毛泽覃的带领下，经过长途跋涉，游击队终于到达瑞金黄鳝口附近一个名叫红林的大山中，经过几天的连续转战，加上天气十分寒冷，饥饿感和疲惫感一下子向他们袭来。为了摸清敌人目前状况，调整好部队的状态和体力，当天晚上，毛泽覃率战士来到山下一个叫黄田坑的小村子。这个村子很小，只有几户人家，国民党反动派曾在这里几次三番"搜剿"，弄得百姓不得安生，所以大多选择了离开。在进入村子之后，毛泽覃看见仅一户人家还有炊烟，进门一看，这家只有父子两人。这户人家很穷苦，加上那些国民党匪兵的多次抢掠，生活得十分艰难，但看见是红军到来，二话不说，拿出自己仅剩的口粮给他们做了一顿饭。吃完饭后，父亲又让儿子将他们送到山上的一个纸槽房里过夜。

没过多久，毛泽覃和战士们就到达了那个僻静的纸槽小屋，随后，他们一边休息，又一边探讨着如何冲出敌人的包围，尽快找到中央分局首长领导的部队。毛泽覃一宿没睡。深夜，毛泽覃把一个姓杨的战士叫来，让他去找陶古游击队，请他们到这儿来会合。清晨，他又派一个姓何的战士去村边查看敌情，没想到，这个小战士走出没多远竟跑到草丛里睡觉去了。这时，敌人路过这里，发现了他。面对敌人的刀枪，他没有鸣枪报警，也不作任何反抗就当了敌人的俘虏，背叛了革命。

通过他的口，敌人知道了毛泽覃和他的部下在那个纸槽小屋里，总共有十几个人，十几条枪，于是马上派出一个排的兵力，带着机枪，在叛徒的带领下，趁陶古游击队没到之前，迅速将这个纸槽小屋包围了起来。外面的枪声一响，毛泽覃立即机警地冲到左边门口，命令战士突围，自己留下掩护。当一个个战士们都顺利冲出去后，敌人忽然一下涌上前来，用机枪扫射，将前门彻底封锁。这时，毛泽覃正要转身冲出后门，却没想到一个敌兵窜进屋来，举枪向他射击。毛泽覃眼明手快，猛然一脚，把那家伙踢倒在地，冲出门外。随后，敌人以小丘、丛林作掩护，从四面向毛泽覃逼上来。一阵枪弹飞过来，毛泽覃右腿受了伤，顿时跪在了草地上，鲜血流了一片。这时，敌人离他越来越近，见他毫无招架之力后，一枪打进他的胸膛。毛泽覃倒下了，顿时，鲜血染红了他的全身，染红了小屋的地面……贪婪的敌人想从他身上找出点什么，结果只从他身上搜出毛泽东和朱德的照片，还有一份被鲜血浸透的党证。

人 物 心 语

共产党就像一座通红的火炉，穷人到共产党里面来，就能炼成钢，造成好刀、好枪，打起敌人来飞快！

——毛泽覃

赵一曼

赵一曼——为电车工人罢工做宣传

☞ **英烈小传：**

赵一曼（1905—1936年），女，四川宜宾人，字淑宁，原名李坤泰。1923年，加入中国社会主义青年团。1926年夏，加入中国共产党。1931年"九一八"事变后，被派赴东北。1935年春任珠河县铁道北区区委书记，1935年秋出任东北抗日联军第三军二团政委，同年11月在与日军作战中负伤被俘，在狱中坚贞不屈。1936年8月2日英勇就义。

1933年4月2日傍晚，一个姓孙的汉奸穿着便衣，从桃花巷登上电车，车内的售票员问他要票，结果却被他痛骂了一顿。售票员张洪玉是一名共青团员，早就恨死了这个作威作福的汉奸，就狠狠地跟他说是人都得买票。姓孙的觉得自己丢了人，于是把张洪玉弄到了宪兵队，打得半死，最后才抬回电车公司。

这件事让工人们实在忍无可忍，三百多名电车工人齐聚在食堂闹着要罢工。赵一曼和同志们一商量，准备连夜赶印传单。

这一晚，赵一曼几乎没有合眼，她在桌上不停地刻着蜡纸，用自己调好的油墨一张张地印着。两年来，这些工作对她来说已经做得很熟练了，在快要天亮的时候终于赶完了。她把几百份的传单捆好放在筐子里，外边放了两件要洗的衣服，就这样到街上去了。

1933年4月3日早晨5点左右，罢工的工人召开了群众大会，正式罢工了。随后赵一曼把传单送到了罢工委员会，就和工人们一起上街宣传。每个车站里都站满了乘客，人们正在议论着电车迟迟不来的事，正说着，只见空中飞撒下来一张张宣传单，男的、女的、老的、少的，全部抢着互相传阅。传单上写着《告哈尔滨人民书》，还有电车工人的罢工宣言，宣言中提道："还我工友，惩办凶手！"

人们开始疑惑究竟发生了什么事，这时赵一曼站出来告诉大家，昨天警备司令部的人坐车不但不买票，还行凶打人，把售票员打个半死，就因为这事今天电车工人罢工了。只见有警察从远处跑了过来，赵一曼马上撒了一把传单，便迅速消失在人群之中。

赵一曼的传单一发出去起了重要的作用。大街小巷到处都贴满了传单和标语，警察也拿那么多的群众没有办法。罢工就这样坚持了两天半。而后，警备司令部的人看到工人罢工组织如此的有条理，心想着背后一定有共产党在指挥领导着，他们开始从中找幕后的领导者。

这次的电车工人大罢工影响了市内交通，使得秩序陷于一片混乱。这可把伪电业局的局长吓坏了，他立刻把罢工的委员会负责人找去，并且威胁他们让电车工人马上复工，否则就把他们统统开除。

罢工委员会哪里会被他这些话所吓倒，他们坚持工人们没有错，只要局长答应他们的五个要求他们就可以复工。这五个要求是：一、给受伤者抚恤金50元；二、撤换宪兵队长；三、交出凶手由工人惩办；四、赔偿受伤者的医药费；五、电业局保证以后不再发生类似事件。电业局的领导最后还是妥协了，他们答应了工人的复工条件，而且也向工人道了歉。然而这次事件也激发了广大群众的反日情绪。就这样，坚持了两天的电车工人罢工终于胜利了。

人物心语

未惜头颅新故国，甘将热血沃中华。白山黑水除敌寇，笑看旌旗红似花。

——赵一曼

朱瑞

朱瑞——克服重重困难，从无到有建设炮兵团

☞ 英烈小传：

朱瑞（1905—1948 年），江苏宿迁人。1928 年加入苏联共产党，后转为中国共产党党员。1946 年 10 月起任东北民主联军和东北军区炮兵司令员，兼炮兵学校校长。1948 年 10 月 1 日，朱瑞在辽沈战役攻克义县战斗中牺牲。

1945 年 6 月，中共中央召开了第七次代表大会，在大会结束后，朱瑞被委任为军委副总参谋长。听到这个决定后，曾在苏联炮兵学校学习过的朱瑞马上找到了毛泽东主席，详细陈述了自己建设人民炮兵的设想，希望在炮兵建设方面做些工作。毛泽东认同朱瑞的想法，不久后，朱瑞被任命为延安炮兵学校代理校长。

在当时，延安炮校的教学条件十分有限，不但缺少很多教学器材，有时，就连上课需要用的粉笔也不能及时供应。即便如此，朱瑞还是克服了这些困难，保证了教学任工作的正常进行。三个月后，炮校第一期一千多名学员毕业。10 月，朱瑞带领炮校干部和学员从延安出发，前往沈阳，并于 11 月下旬到达。本来这次计划是接收日式装备，组建一支新的人民炮兵。可当时，苏联已经和国民党签了条约，要把东北的大城市交给国民党，要求我军退出沈阳。日军留下的大炮，苏军已经把好的全都挑走了，后来朱瑞和苏联远东军总司令马林诺夫斯基再三交涉，才从苏军手里拿到了一些破旧的小型火炮。

为了能够弄到更多的火炮，朱瑞开始让那些八路军、新四军兄弟部队做调查，后来得知日本关东军散失在东北的枪炮有很多，不过大都被

扔在了山野中。朱瑞马上开了一次干部会议，发动大家一定要克服困难，东起绥芬河，西至满洲里，南起辽东，北至孙吴，到凡是日伪军驻扎或作战过的地方去搜集武器。除此之外，他自己更是身体力行，亲自带领人员到镜泊湖打捞日本人丢弃的大炮。经过一番努力，直至次年5月，共搜集到各种火炮七百余门，炮弹五十余万发，坦克12辆，汽车12辆等，为建设东北人民炮兵奠定了初步的物质基础。

随后，为了让炮兵们得到更好的锻炼与发展，朱瑞提出"变学校为部队，拿部队当学校"的办学方针，将炮校五百多名干部分散到各军区及总部炮兵旅等单位，努力扩大炮兵队伍，提升炮兵干部水平。没过多久，就组建了十个炮兵团、六个炮兵连，还建立了一个高炮大队、两个坦克队和一个炮兵修械所。10月，炮兵司令部正式成立，朱瑞任炮兵司令员。至此，我军炮兵已形成了一个完整的指挥系统，发展成为一个独立的兵种。

在朱瑞的努力下，直至1948年上半年，东北炮兵已发展到有战车、高炮等五个团，16个炮兵团，拥有火炮4700门。炮兵部队逐渐壮大，为以后的革命事业做出了巨大的贡献。不得不说，这都是朱瑞克服重重困难，尽心竭力建设炮兵团的功劳。

人物心语

农民翻身，国家才能强盛。

——朱瑞

罗登贤

罗登贤——创建东北人民抗日武装

☞ **英烈小传：**

罗登贤（1905—1933 年），广东南海人，无产阶级革命家。1925年，加入中国共产党。曾参与组织省港大罢工。1927 年，参与组织广州起义。1931 年，任中共中央驻东北代表兼满洲省委书记。领导东北的抗日运动。1932 年，任中华全国总工会上海执行局书记。1933 年 3 月 28日，因叛徒出卖，在上海被捕，8 月 29 日，英勇就义于南京雨花台。

1931 年，罗登贤动身前往东北，去进行指导中共满洲省委的工作。没过多久，日本关东军蓄意发动侵占东北的战争，炮轰了沈阳东北军驻地北大营。

事情发生后的第二天，中共满洲省委就立即召开了一场紧急会议，会上，罗登贤同志与省委其他同志一起分析了当前的形势，商定反击斗争的任务和策略，并在会后发表《中共满洲省委为日本帝国主义武装占领满洲宣言》，号召东北三省人民"罢工、罢课、罢市，反对帝国主义占据满洲""发动游击战争""驱逐日本帝国主义与一切帝国主义的海陆空军"。宣言告知人民群众日本帝国主义妄图侵略满洲的狼子野心，并且尖锐批评了国民党政府的不抵抗政策，与此同时，更是号召全东北人民团结起来，通过行动来反抗日本帝国主义的侵略。

从那时起，罗登贤便开始四处奔走，领导满洲省委整顿各地党组织，还多次召开会议，制定一系列对策。不过，由于当时满洲中共党员只有 2100 余人，想要开展党的工作很是困难。为了让工作能顺利开展起来，必须尽快恢复各级党组织。随后，在他的努力下，东满特委、哈尔滨市委、奉天特委成功恢复，之后，他又开始领导磐石、海龙、安达、汤原、珠河、宁安等中心县委的工作。他一方面在沈阳、哈尔滨、大连等城市进行演讲，宣传抗日，号召和组织工人、学生、市民起来罢工、罢课、罢市，另一方面在农村组织东北人民开展反日斗争。在他和省委的领导下，沈阳、抚顺、本溪、鞍山等地的工矿区数万名工人举行反日罢工，中东路、呼海路、吉沈路、哈尔滨电业工人及大中学校学生进行了大规模的反日斗争，东北各地农民也进行了大规模反日武装暴动。

东北三省的抗日救亡运动轰轰烈烈开展起来。一些爱国的东北士兵和百姓纷纷自发成立了义勇军、保安团，看着这些像雨后春笋般涌现的各种抗日队伍，罗登贤满心欢喜，同时也高度重视。他发出一系列指示，加强对这些抗日队伍工作的指导，并根据他们不同的情况及任务，采取不同的方式进行联系和指导，派遣党员、团员到队伍中去，从反帝大同盟、革命互济会、反日会等进步团体选派骨干到义勇军从事活动。

在抗日队伍不断壮大之后，罗登贤认为组建抗日武装的时机已经成熟，于是他又把目光转移到了领导抗日武装的工作上来，他先后派出大批党员分赴各地组织武装抗日斗争。被派出的共产党员到各地后紧紧依靠当地党组织，深入群众，在南满、东满、北满和吉东等地区创建了多支抗日游击队。在党的组织领导下，抗日游击队伍不断壮大起来，后来发展成为东北人民革命军和东北抗日联军的组成部分。在人民抗日武装诞生之后，他们以崭新的风貌活跃在抗日战场上，成为东北抗日武装的中坚力量。

人物心语

我们中国共产党人一定与东北人民同患难共生死，争取东北人民的解放。

——罗登贤

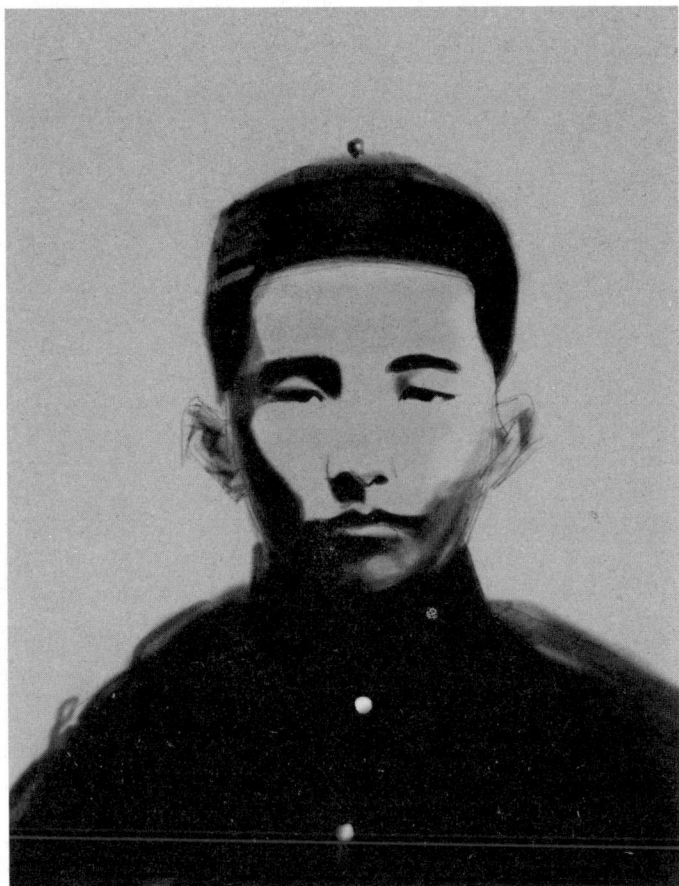

顾正红

顾正红——带领上海工人罢工，英勇牺牲

☞ 英烈小传：

顾正红（1905—1925 年），江苏阜宁人。16 岁随母亲逃荒至上海谋生。1924 年，参加中共地下组织开办的补习学校。1925 年 2 月，参加工人纠察队。在上海工人斗争中表现积极，被吸收加入中国共产党。1925 年 5 月，带领工友与厂方斗争，被枪杀。

1925 年 2 月，在中国共产党的指挥领导下，上海 22 家日商纱厂 3.5 万工人联合在一起，打出反对帝国主义的旗号，并组织同盟大罢工。在这场激烈的斗争中，身为工人纠察队员的顾正红奔走在大街小巷，向工人以及人民群众大力宣传罢工斗争的重大意义。由于在大罢工中表现出色，经党组织决定，他光荣地加入了中国共产党。大罢工结束之后，上海工会组织一点一点壮大起来，然而，帝国主义资本家对工人的压迫、剥削却变本加厉。

5 月 15 日早上，各罢工工厂工人代表都聚在了一起，召开了一场会议，大家纷纷发表自己的看法，研究如何粉碎帝国主义资本家刘付工人的阴谋。经过分析，大家认为目前市场上棉价高，纱价低，东洋人正想用关厂的办法来卡工人，要是再搞一次大罢工，就正好中了日本资本家的圈套。最后，大家决定：纱厂工人罢工，布厂工人照常上班。布厂没纱，自然要关车，工人照样可以拿到工钱。

会议结束后，各个代表将会上的决议都告诉了工人们。第二天，织布七厂的日班工人进入工厂刚想工作，却被日本领班拦住，不让上工。同时，日本人还告诉门房，也不许夜班工人上工。这让工人十分气愤。

得到消息后的顾正红，觉得现在正是和日本资本家开展斗争的好时机，于是马上找来几个工人积极分子，分头通知夜班工人准时上工。到了下午五点，夜班工人都来到厂门口，但工厂大门紧闭，工头、巡捕手持铁棍严密把守着。顾正红一声令下，六十多名工友一拥而上，推断了厂门的铁闩，一齐涌了进去。这时，守门的工头和巡捕操起铁棍，朝工人头上、身上狠狠打去。顾正红带领一部分工友，冲进物料间，取出"打梭棒"进行自卫还击。

这时，接到报告的日本人大班（相当于厂长）川村和日本副总大班元木带领一批打手，杀气腾腾地朝工人们奔来。面对他们，顾正红昂首挺胸地走上前去，厉声责问道："你们东洋人为什么不让我们上工？"随后，上百名工人将日本资本家包围了起来，这时，川村气急败坏地盯着带头"闹事"的顾正红，随即抽出枪支朝他腿部开了一枪。见顾正红受伤，工人们挥动拳头和"打梭棒"纷纷向日本资本家及其打手冲去。这时，恶毒的川村立马又向顾正红腹部开了一枪。即便如此，顾正红还是坚持着指挥斗争。

川村见顾正红还在同他们作对，又向顾正红头部连开两枪，一个打手还举刀向顾正红猛刺几刀。顾正红因伤势过重，倒在血泊中。这一举动彻底激怒了在场的工人兄弟。他们立刻带着无比愤怒的情绪和日本资本家及其走狗展开搏斗。在斗争中，不断有人受伤，但大家毫不退缩。工人们噙着泪水，把顾正红抬上人力车，送往医院抢救。到了次日下午2时，顾正红终因伤势太过严重，救治无效，而献出了宝贵的生命。

人物心语

在中国共产党领导下，敢于斗争，坚持斗争到底，才能赢得中国工人阶级的新生！才能夺取中华民族的彻底解放！

——顾正红

蔡申熙

蔡申熙——第四次反"围剿"，指挥战斗到牺牲

☞ **英烈小传：**

蔡申熙（1906—1932 年），湖南醴陵人。1924 年考入广东陆军讲武学校，后转入黄埔军校第一期，同年加入中国共产党。1925 年 7 月到国民革命军第一军第一师任营长。1928 年起任中共江西省委军委书记。1930 年初，被调任中共中央长江局军委书记。1932 年 7 月，在与国民党军对抗时，不幸中弹身亡，年仅 26 岁。

1932 年 6 月，蒋介石对鄂豫皖苏区发动了第四次反革命"围剿"。面对如此紧急的形势，张国焘却想直接进攻。对此，蔡申熙十分反对，他觉得敌人人数众多，目前最应该做的是进行反"围剿"的准备，以逸待劳。可张国焘坚持自己的想法，最终出兵围攻麻城，结果和敌人相持数月，也无法拿下，见情势不利，张国焘才被迫下令撤麻城之围。随后，红军又在胡山寨与敌人连续激战五天，但仍不能打退他们。几日后，敌人占领了新集，至此，张国焘的计划彻底失败。

9 月中旬，一直不断向皖西转移的红四方面军顺利到达金家寨，在这里，他们和红 25 军会合。两军会合后，还没来得及喘息，就受到了"进剿"皖西之敌徐庭瑶纵队和陈继承、卫立煌两纵队的东西夹击。这时，红军召开了一次紧急会议，会上，红四方面军一部分同志主张南下英山，以英山为立脚点，继而恢复根据地，如果敌人仍重兵压迫，那么就将红军主力暂拉到外线，向潜山、太湖方面转移，等待合适的时机再

打回根据地；而另一部分同志则认为应该内线作战，将部队拉回黄麻地区。这时，蔡申熙又站了出来，他说："继续内线作战，已经没有多少胜利的希望了，剩下的路只能是外线出击。东出潜、太不如西出平汉路以西的应山、随县、枣阳一带有利，那一带有党和红三军的活动基础，南靠桐柏山，地形条件也比较好。待将敌人引向白区寻机歼灭后，再返回苏区，收复失地。"蔡申熙慎重的分析，获得了大家的一致认可。

于是，红四方面军立刻按计划行动起来，蔡申熙则率红25军在后面掩护。在行进一些日子之后，红四方面军抵达黄安县（现改名红安县）河口镇地区，在这里，他们与胡宗南的第一师、俞济时的88师遭遇，一场激战后，敌人落败退到河口固守。9月19号下午，敌人又加派整编第二师，从东面配合夹击。蔡申熙立刻带领红25军冲向前方阻敌，在与敌人连战两个昼夜之后，成功打退敌人多次冲锋。

第二天上午，敌人从三面进攻将红军包围，情况十分危急。蔡申熙在阵地上指挥部队与敌人打了整整半天，直到中午，趁着敌人熄火，战士们叫他吃口饭，可是饭碗刚拿起，枪声又响了，他立刻扔下饭碗跑了出去，大喊："主力部队，向新阵地转移！"而自己则率领小分队阻击敌人。敌人越来越近，战士们让他退下火线，可他不肯走，仍坚持指挥，就在这时，一颗子弹击中了他。他捂住伤口，咬紧牙关，躺在担架上坚持指挥战斗，直至壮烈牺牲。

人物心语

只有跟着共产党走，才能让人民过上好日子。

——蔡申熙

罗忠毅

罗忠毅——塘马之战抗顽敌

☞ **英烈小传:**

罗忠毅 (1907—1941 年), 原名罗宗愚, 湖北襄阳人, 是新四军抗日名将。1927 年 7 月, 加入冯玉祥部西北军。1931 年 12 月, 加入中国工农红军。1932 年, 加入中国共产党。1933 年起任福建军区某司令部参谋、连宁岩军分区参谋长、区司令员。抗日战争爆发后, 担任新四军第二支队参谋长。1941 年 11 月 28 日, 在江苏溧阳县塘马地区与日本侵略者激战中壮烈牺牲。

1941 年 11 月, 天气异常寒冷, 日夜兼程的新四军六师第 16 旅来到了江苏省溧阳县的塘马村, 并根据上级的指示, 驻守在这里。除了他们, 在塘马周围的 19 个村庄里分布着苏皖区党政军机关、后方医院、被服厂、修械所、旅部教导队等大队人马。由于这个地方距离日伪统治中心南京只有 60 公里, 在得知新四军驻扎在塘马村之后, 汪伪政权和侵华日军寝食难安, 心里很是惶恐。

在商议好计划后, 日军开始有所行动了。27 日晚上, 我军得到紧急情报, 说第二天日军将会来这里进行一番扫荡。罗忠毅马上做好一切部署, 准备进行战斗。情报果然没错, 第二天一早, 日寇南蒲旅团步骑炮兵三千多人, 趁着漫大大雾, 分东北、西北、西南三路奔袭塘马村, 企图消灭新四军六师第 16 旅旅部和我苏南党政军机关。当时情况十分危急, 我军已经被三面包围, 加上敌人人数众多, 而我军战士仅仅只有五百余人, 若想要突围, 看来势必要经历一场血战!

渐渐地, 太阳从山头露了出来, 这时, 负责查哨的廖海涛政委忽然发现敌方的骑兵队已经开始向我军驻地冲了过来, 于是马上命令事先已有准备的旅部特务连等直属部队："快！现在立刻进入阵地，要抢在敌人之前，将战斗打响。"敌人见已经无法偷袭，马上集中二百多人开始向我军阵地进行猛攻，战斗一开始就打得异常激烈。持续一会儿后，看到日寇来势如此凶猛，若是这样强耗下去，必然会让我军遭受重创，于是罗忠毅马上指挥部队阻击敌人，掩护旅部和苏皖区党政机关向东转移。下达转移命令之后，他亲自冒着敌人密集的炮火，在村边桥头指挥旅部和苏皖党政机关的人员通过小桥。而廖海涛政委则在塘马村西祠堂后边楼上，用望远镜观察敌情，指挥战斗。

就这样，机关开始向东撤退，罗忠毅和廖海涛率旅特务连和 48 团二营的两个连转移到塘马东南的王家庄，死死拖住敌人，为机关转移做好掩护。当旅部和地方党政机关刚刚顺利冲出敌人的包围圈，后面追来的敌骑兵瞬间就切断了我军掩护部队的退路，并发起猛烈的冲锋。

战斗再次打响，霎时间，硝烟弥漫、弹片横飞，罗忠毅心里清楚地知道，他们不能现在和敌人死拼，而是要保存革命力量，尽量减少损失，于是他对廖政委说："现在咱们不能和他们硬拼，你带特务连先撤，我留下指挥部队继续抗击敌人。"可在如此紧急的关头，廖海涛说什么也不肯先走，反倒力劝罗忠毅先撤。这两位在长期革命斗争中患难与共的战友，到生死关头，都想把生的可能让给对方，谁都不愿先撤。

激烈的战斗持续到上午 9 点还没有结束，总是一边的敌人被打退，另一边的敌人又涌了上来，罗忠毅看旅部特务连阵地危急，马上命令五连连长带两个排赶去支援。就在他正要指挥五连部队出发时，突然两颗子弹同时击中罗忠毅同志的头部，这位为中国人民解放事业出生入死、南征北战的忠诚将领，当场壮烈殉国。

人 物 心 语

为人民解放斗争拼到最后一刻！

——罗忠毅

彭雪枫

彭雪枫——英勇杀敌，攻占娄山关

☞ **英烈小传：**

彭雪枫（1907—1944 年），河南南阳人。1925 年，经唐纵介绍，在育德中学参加共产主义青年团。1926 年 9 月，加入中国共产党。1932 年春夏之交，指挥二师参加宜乐战役。1933 年 11 月，在浒湾八角亭战斗中身负重伤。1935 年 2 月，部队在扎西地区缩编，五师编为 13 团，任团长。1944 年 9 月在前线指挥战斗时，不幸中流弹牺牲。

1935 年 2 月 25 日，天空下着蒙蒙细雨，这时，身在遵义城里的彭雪枫忽然接到军团命令，让他带领手下军部强攻娄山关，并与友邻部队配合。接到上级命令的彭雪枫顿时感觉十分兴奋，可兴奋劲儿一过，他又马上感觉到自己的担子很是沉重。他向来是以服从命令为天职，接到命令后总是坚决彻底地完成，所以，无论再难，他都要做好。

于是，他立即找来团政委李干辉进行商议，之后开了一场全员聚集大会，会上，他说："同志们，英勇的战士们，我们 13 团自组建以来，屡战屡胜，我们 13 团代表的就是攻无不克、战无不胜的红军魂！发扬敢于战胜一切敌人的英雄气概，发扬五次反'围剿'中猛冲猛打猛追的精神，坚决拿下这个反动派的堡垒！"彭雪枫目光如炬，高举起拳头猛砸下去，斩钉截铁地说："不要忘了我们 13 团过去的光荣啊！王家烈比得上 19 路军吗？潇水渡过去了，湘江蹚过去了！乌江飞过去了，苗岭爬过去了！一个娄山关，同志们，我们飞不过去吗？难道我们闯不过去吗？"

彭雪枫激昂的话语，让战士们瞬间燃起了斗志，大家一致地喊着："飞过去哟！闯过去哟！"声音是如此的响亮。就这样，处在慷慨激昂状态的战士们，浩浩荡荡地向娄山关进发了。共产党员和共青团员不停地喊着口号："同志们，为了夺取遵义城，必定占领娄山关！""多缴枪炮，多捉俘虏呀！"他们就这样一边喊着，一边前进。他们抬头望着不远处的娄山关，它那尖尖的山顶，直插在云霄里。娄山关周围山峰，峰峰如剑，万丈矗立。他们预感到一场激烈的攻城之战，即将打响。于是，大家又纷纷喊起口号。"拿下娄山关，占领点金山！""活捉大烟鬼王家烈！"彭雪枫紧跟在侦察连之后，向娄山关疾进。

走了没多久，忽然，前面一队国民党军大摇大摆地从关上下来。还好，国民党军并没有瞧见他们，于是彭雪枫马上命令："快！战士们往两边隐蔽起来，敌人就在前面，听我命令再行动。"于是，战士们迅速隐蔽到道路两侧的枯草丛里。

国民党军的队伍离他们越来越近，等到敌人距我军五十多米远时，彭雪枫一声令下，战士们忽然从两侧冲了出来，对国民党军发起猛攻。敌军见情况不对，吓得立刻掉头向关内跑去，我军紧紧追赶。在这场运动追逐战中，我军英勇击溃大部分国民党军，一鼓作气冲到娄山关口。

这时，彭雪枫又下了命令："跟我冲！一定要在黄昏之前攻下娄山关。这是命令！"说完，他仰看前面，右翼是悬崖，左翼是大山，中间陡峭得连鸟儿也飞不过去，唯一的一条马路被敌人用优势火力封锁了。于是，他当机立断，命令部队从侧翼爬山迂回攻击娄山关一侧的制高点——点金山。冲锋信号发出后，红军战士喊声如雷，像风一般直扑点金山，一阵密集的手榴弹响过之后，烟尘蔽天，在惊天动地的冲锋声里，我军英勇地夺下了点金山！

人物心语

子弟兵在人民面前永远是绵羊，在豺狼面前永远是猛虎！

——彭雪枫

邓萍

邓萍——率红三军团勇攻遵义城

☞ **英烈小传**：

邓萍（1908—1935年），四川富顺人。1926年，加入中国共产党。1930年，出任红三军团参谋长，兼任红五军军长。1934年10月，红军长征后，协助红三军团军团长彭德怀指挥部队，担任右路前卫，掩护中央机关和中央红军主力实施转移。1935年，在指挥红三军团先头部队攻占遵义城的战斗中，不幸被敌人子弹击中，壮烈牺牲。

1935年1月9日，在党中央的正确指挥下，红军顺利占领遵义。没过多久，中央政治局召开了一场紧急会议，确立了毛泽东同志在全党、全军的领导地位。从19日起，毛泽东开始指挥红军各部"一渡赤水"的行动，由此来调动敌人，摆脱了困境。

2月23日，邓萍率领的红三军团忽然接到了电令，让他们必须在本月底前重占遵义，以调动敌人南返。当天晚上，邓萍便布置了行军路线和作战计划，第二天一早，就带领部队开始从川南急行军，直扑向通往遵义的要隘——娄山关。可到了之后才发现，黔军早在我军之前就已经占领了这座通往遵义的北大门。这时，天空忽然阴了下来，不多时，就下起了阵阵雨夹雪，绵绵密密，纷纷扬扬，寒风吹来，冻得人直发抖。随后，邓萍、彭德怀、杨尚昆三人在警卫员撑起的油纸伞下，开起了紧急作战会议。彭德怀对二人说："咱们现在不仅要拿下娄山关，打通去遵义的通道，还要将山上的敌人全部消灭，避免其溃逃进入遵义，给我军下一步进攻作战增加困难。"听了他的话，杨尚昆点点头说："是歼灭而非击溃，这是作战的指导思想。"按照两位首长的要求，邓萍作了部署并亲自指挥这场战斗——11团首先从娄山关左翼迂回到山后断敌退路，10团、13团分别从正面和右翼进攻。随后，邓萍命令部下开始集中军团的全部迫击炮，一齐向敌人的阵地猛射。只听得尖厉的嘶叫声和隆隆的爆炸声此起彼伏，回荡在山峦沟壑之间。不到两个小时，我军便把敌军击溃，将手中的红旗插在了娄山关的主峰上。

趁着首战刚刚告捷，红军片刻未歇，立马乘胜前进，于27日上午9时成功攻占了遵义城外围的一个小隘口——石字铺。到了晚上，天色暗下来之后，红军顺利来到遵义城下。随后，邓萍找来11团政委张爱萍、参谋长兰国清，在军团司令部，他们开始共同商讨攻城部署。最后决定先勘察好地形，随后确定攻城方案，务必要在第二天拂晓前占领遵义。

会议结束后，邓萍和张爱萍、兰国清就冒着连绵的阴雨，顶着料峭的寒风，隐蔽在茂密的草丛中边看边研究。正在邓萍举起望远镜仔细观察周围的情况时，忽然，"砰"的一声，一发子弹带着强大的冲击力，狠狠击中了他的头部，在倒下的那一刻，他眼睛瞪得大大的，看着张爱萍，好像在告诉战友：攻下遵义城的任务就交给你们了。

邓萍的牺牲，让所有将士们都愤恨不已。次日一早，天刚微微亮，彭德怀一声令下："各部，总攻时间到。我命令，发起进攻，拿下遵义，为参谋长报仇！"听到命令后，战士们似猛虎一般一拥而上，打得敌人四处逃窜，最后一举攻下了遵义城。在夺取遵义之后，彭德怀说："能够顺利攻下遵义，邓萍功不可没。"

人物心语

既然投入革命，就要为革命流尽最后一滴血。

——邓萍

赵尚志

赵尚志——率队智取五常堡

☞ **英烈小传：**

赵尚志（1908—1942年），辽宁朝阳人。1925年夏加入中国共产党。1926年回东北从事革命活动。1934年6月，任东北反日游击队哈东支队司令，与李兆麟等创建了珠河、汤原抗日游击根据地。1936年1月，任北满抗日联军总司令。1942年2月12日，在袭击鹤岗梧桐河伪警察分所时负重伤被俘，拒绝医治，壮烈牺牲。

1934年8月中旬，微风吹动着山间的树木和野草，这个季节的五常堡，给人一种深深的凉意，北满的秋天不知不觉间已经悄然而至。赵尚志带领着一队人马走在这青纱帐似的山林中。

为了打击日伪军，巩固革命根据地，稳定抗战形势，扩大游击区的范围，也为了筹集今年越冬的物资，赵尚志率领哈东支队向五常、双城出征。

天快黑的时候，侦察员来报：日军密探得知赵尚志要来攻打五常县城，已经调集了大批日伪军进入了五常县城，加强县城的防守。

"看来，我们的计策已经奏效了。"赵尚志心里暗想道。

8月15日下午，敌军从五常县城隐隐约约地看到赵尚志率领队伍的主力来到五常县城城下，摆开架势就要攻城。可是傍晚时分，驻扎在五常堡的伪警来电话：赵尚志率领抗联主力强攻五常堡，五常堡已经快要失守了。日军队长望月一听，顿时愣住了，好半天才明白过来，原来赵尚志给他来了个声东击西，调虎离山之计。

这天傍晚，哈东支队慢慢地逼近五常堡。根据作战部署，赵尚志派一个中队埋伏在五常县和五常堡之间，以防备哈尔滨、五常县城内的日军前来支援。

赵尚志率领第三中队攻城。因为听从日本指挥官望月中佐的命令，五常堡镇内的鬼子警备队、日伪军和重武器都被调到五常县城了，现在只有三百多名伪军把守。赵尚志一声令下，北门、西门、东门同时进攻，猛烈的火力，狠狠地打，西门的战斗最为激烈，城内的敌人也大量地向西门增援。

就在大家努力奋战的时候，北门的通信员传来了令人振奋的消息："报告司令，北门被打开了。"原来第一总队二中队的 16 名战士在抗日英雄赵有才的带领下，一阵火力打哑了西北角炮楼台上的机枪，战士们越过高墙深沟，冲进城内，连续攻占了三座炮台。

于是，赵尚志便率领队伍向北门冲去。经过两小时的激战，击毙了敌人数十人，剩下的敌人也都从南门赶紧拼命逃跑了，抗联胜利地攻克了五常堡。这次战斗，总共缴获敌人大小枪支四十余支，子弹一万发。同时还缴获了大量的棉衣、单衣、面粉和胶鞋等物资。等到望月带领队伍来到五常堡时，赵尚志和抗联战士早已消失得不见人影了。

这次的五常堡大战，赵尚志在抓住敌人弱点的情况下，采取"知己知彼，百战不殆"、"声东击西"的战术将敌军打得落花流水，大快人心。这次战斗所缴获的物资解决了游击队的越冬问题。这个冬天战士们不再寒冷，无论是身体还是心里都是暖暖的。

人物心语

我要重新组织队伍与日本鬼子干，死也要死在东北抗日战场上。

——赵尚志

李白

李白——巧设电波"空中游击战"

☞ **英烈小传：**

李白（1910—1949年），湖南浏阳人，原名李华初。1925年，加入中国共产党。1927年，参加湘赣边秋收起义。1930年8月，参加中国工农红军。1937年10月，受党组织派遣，化名李霞，赴上海担任党的秘密电台的工作。1949年5月7日，在上海解放前夕，被国民党特务秘密杀害。

1945年10月，共产党的电波通信员李白，在接到党组织下发的命令后，带着自己的夫人裘慧英回到了上海。为了确保自身的安全，他以国际问题研究所职员的身份带着夫人住进了黄渡路107弄6号，并把电台设在这里。在白天的时候，他正常进行工作，到了晚上，他就开始秘密做电台的工作，任务是负责上海秘密电台与党中央通信联系。

没过多久，国际问题研究所被撤销，李白夫妇搬迁到107弄15号。为了躲避敌人的视线，同时也为了减轻党中央的经济负担，李白凭着这么多年积累下来的精湛的无线电技术，取得了善后救济总署渔业管理处电器设备修理工的公开职业。不过，由于渔业管理处当时离他们住的地方很远，他必须一早就出门，到了傍晚才能回到家。不过，这不影响他在深夜继续为党组织进行通信工作。为了避免电台被敌人检测出来，他用功率只有7瓦的电台奇迹般地和党中央保持着联络。

电台的功率实在是太小了，而上海和延安之间相距一千多公里，再加上电波经过关山阻隔和空中各种电波的干扰，所以当传到党中央电台时，已经微弱到几乎消失了。为了解决这个问题，李白开始进行反复的琢磨、试验，几日后，他终于成功摸索出时间、波长、天线三者之间既互相联系又互相制约的规律，选择在人们都已入睡、空中干扰和敌人侦察相对减少的零点至四点之间为通信时间。从此，当人们正在熟睡着做梦时，李白就立刻爬起床，轻轻地安装好机器，静静地坐在电台旁，把 25 瓦的灯泡拧下换上 5 瓦的灯泡，并在灯泡外面蒙一块黑布，再取一张小纸片贴在电键触点上，以避免光线透出窗外和声音外扬。零点一到，他便立刻向党中央发出呼号，就这样，巧妙的"空中游击战"便开始了。

这样的"空中游击战"持续了三年多，直到 1948 年，那一年解放战争形势开始迅猛发展。国民党反动派感到十分惶恐，他们觉得自己的末日将要降临，于是竭尽各种手段如采取分区停电、暗中抄收信号来侦测中共地下电台，李白处在危机四伏之中。12 月 30 日凌晨，李白和往常一样，正坐在电台前，准备发一份非常重要的情报，这时，国民党反动派突然出现，包围了他的住所，李白迅速销毁了电台，却不幸被捕。在淞沪警备司令部的刑讯室里，那些疯子一般的敌人对李白进行了长达 30 个小时的连续审问，还残忍地使用了三十余种刑具，把李白折磨得死去活来。他们用钳子拔光李白的指甲，把竹签钉入他的手指，老虎凳上的砖块一直加到五块，还灌辣椒水，用烧红的木炭烙他的身上。在这样反复的摧残折磨下，李白数次昏死过去，但每次都被迎面泼来的冷水浇醒。即便如此，李白还是不发一言。

1949 年 5 月 7 日，特务头子毛森根据蒋介石"坚不吐实，处以极刑"的批令，将李白押到浦东戚家庙秘密杀害。

人物心语

我们无论生死，总是觉得非常愉快和欣慰的。

——李白

张文彬

张文彬——掩护同伴被捕，狱中视死如归

☞ 英烈小传：

张文彬（1910—1944 年），湖南平江人，原名张纯清。1927 年，加入中国共产党。1929 年秋，随彭德怀率部队重返湘鄂赣边区坚持斗争。1930 年 6 月，任红五军党代表，在攻打长沙和中央苏区反"围剿"战斗中屡建功勋。1941 年年底，香港沦陷后，把 800 名民主人士和重要文化人士从日军的严密控制下抢救出来。1942 年 6 月被捕。1944 年 8 月，牺牲于狱中。

1942 年 5 月下旬，天气还是有凉意，这时，江西省委遭到了敌人的破坏，张文彬在得到消息之后，马上找到南委书记等人开始共同商讨部署机关撤退工作，在整合了大家的意见之后，最终决定南委机关分头向闽西、东江等地转移。

6 月初的一天早上，天空有些阴沉，张文彬一行人开始行动，他们朝着东江方向一直走。到了中午时分，当到达高陂镇时，却遇上了叛徒郭潜（原南委组织部长）所带来的国民党特务队。一看到张文彬等人的队伍，郭潜当即大叫："就是他们，快！快把他们给围住！"

这时，一直走在最前面的张文彬听到了声音，往前一看，立马就将郭潜认了出来。这时，特务们已经开始朝这里围了过来，张文彬马上向身后大喊："大家快跑！郭潜那个狗汉奸要带特务们逮捕爱国分子！快跑啊！"他的呼叫报警，让跟在后面的其他同志马上意识到有危险，于是快速进行撤退。这时，眼见特务们就要追上来了，张文彬对南委书记说："你快跟他们一起往后撤，我来拦着这帮特务们！"南委书记拉着他说："要撤一起撤！你一个人怎么行！"说罢，拉着他硬要走。这时，张

文彬急了，一把推开他："快走啊！"说着，朝特务冲了过去。最后，大部分同志都顺利离开了险境，而张文彬却被特务们抓捕带走了。

6月26日，在那些特务的押送下，张文彬被送到江西太和县国民党监狱囚禁了起来。在长期的艰苦革命生涯中，他早已身患肺病，在入狱后，敌人们对他又进行了疯狂的折磨，这让他的病情越来越严重。敌人知道他有肺病后，以此要挟他说："只要你能退出共产党，来我们这边，不但可以还你自由之身，我们还可以免费给你进行治疗。"张文彬听后，冷笑一声，说："我张文彬永远是共产党人，休想让我转变立场！我宁可坐牢而死，也决不跪着爬出去！"敌人被气得当时甩袖而去，之后他们又使了很多计策，但是却没起到任何作用。

几天后，张文彬见到了八路军驻香港办事处负责人廖承志，这也是他们最后一次见面。那天，张文彬艰难地从地上爬起来，拉着廖承志的手一字一句地说："我身体不行了，不能为党继续工作了，心里感到很难过。我一生为党工作，坚信马列主义，坚信党，现在生命快到尽头，但我死而无憾。将来你出去时，请你将我在狱中的表现转告给党中央、毛主席。"

1944年8月26日，张文彬因病离开了人世。在他病逝后，当狱中人员清检他的遗物时，发现了他生前留下的一封题为"我誓死不能转变"的信。信中说："宁为玉碎，不为瓦全。我犯（患）了严重的肺病，生的时期不多，吃苦也快到了尽头，因而更是视死如归，乐于就义，愿为江西人，尤其是为整个中华民族的革命儿女留些正气吧。"虽然张文彬永久地离开了，但他为革命鞠躬尽瘁的光辉业绩却永远为人们缅怀。

人 物 心 语

我一生为党工作，坚信马列主义，坚信党，现在生命快到尽头，但我死而无憾。

——张文彬

李兆麟

李兆麟——英勇除掉伪森林警察队

☞ **英烈小传：**

李兆麟（1910—1946 年），辽宁辽阳人。1932 年，加入中国共产党。1933 年 8 月，调中共满洲省委军委工作，参与创建东北抗日游击队。1939 年 5 月 30 日，任东北抗日联军第三路军总指挥，率部在广袤的松嫩平原开展游击战，开辟了抗日游击区和后方基地。1946 年 3 月 9 日，在哈尔滨被国民党特务暗杀。

1936 年 1 月末，北满抗日部队和军政领导人在汤原境内召开了联席扩大会议，李兆麟被选为扩大会议的执行主席。没过多久，东北人民革命军改为抗日联军，随即成立东北抗日联军总司令部，几天后，在中共中央的指示下，东北人民革命军第六军改编成东北抗日联军第六军，并立即出发去攻打鹤岗。

东北抗日联军第六军走后，根据地里只剩下了二三十人的警戒人员。为了守护好根据地，除掉猖獗的警察大队，当地中央领导便把游击连和青年义勇军带来，集结了一百五十多人。随后，李兆麟便率领他们往警察署的方向出发。沿着汤旺河走了一天，终于到达岔巴气这个地方。不久，天就黑了下来，借着夜色的掩护，李兆麟带着几个战士活捉了木制岗楼里的两个伪警察。通过他们，李兆麟得知东岸有四十多个伪警察都住在大院套里，东院住着黄毛、丁山、张保安几个中队长，仅有一个岗哨。

在一番苦心教育下，这两个伪警察同意给李兆麟他们带路。就这样，他们一路行进到北岸的警察大院，并巧妙地缴了伪岗哨。在一切顺利的情况下，一部分同志冲到西院封住门窗，与此同时，李兆麟也带着二十多人闯入东院，冲进屋里，用枪指着敌人说："全都不许动！你们的枪要拿出来打日本。"这时，窗外抗联战士的枪也对准了他们，其他一些同志冲进屋内，跳上炕取下来敌人的匣枪。顿时，森林警察大队的中队长黄毛、丁山、张保安就成了红军的俘虏。同时间，西院的敌人也被顺利地解决了。

在拿下岔巴气后，李兆麟将少部分兵力留守，并封死了山口，切断敌人的联系，其余人等便押着黄毛、丁山、张保安直向南岔挺进。走了没多久，迎面来了一张爬犁，来人说："五炮已带六个人出来巡视，很快就到。"李兆麟决定叫黄毛、丁山坐在最前边的一张爬犁上，继续向前赶路。大约过了一刻钟，迎面又来了一张爬犁，上面坐着的正是五炮宋喜彬，几乎不费吹灰之力，宋喜彬就成了俘虏。随后由他带路，领我军去缴南岔。到了南岔之后，我军顺利缴了南岔营地警察的械。在休整一番之后，部队第二天出发，由于宋喜彬起到了掩护作用，李兆麟等人顺利地到达老钱柜，缴了保护力和柜房森林警察队的械。后续部队到达后，迅即直捣老钱柜后边十几里路的日寇指挥部，清灭了森山大尉等以下七名日寇指导官。

仅仅两天的时间，我军抗联将士就走了数百里，并成功拔掉了在伊春沟里猖獗一时的森林警察大队这个钉子，胜利地结束了这场战斗。除了大队长于四炮外出没有抓到之外，其余全被生俘。烧了敌人的大本营，遣散了伐木工人，从此抗联六军威名大振，汤原一带的抗日形势出现了新局面，成为我抗联三、六军的根据地。

人物心语

全民族，各阶级，团结起，夺回我河山。

——李兆麟

董存瑞

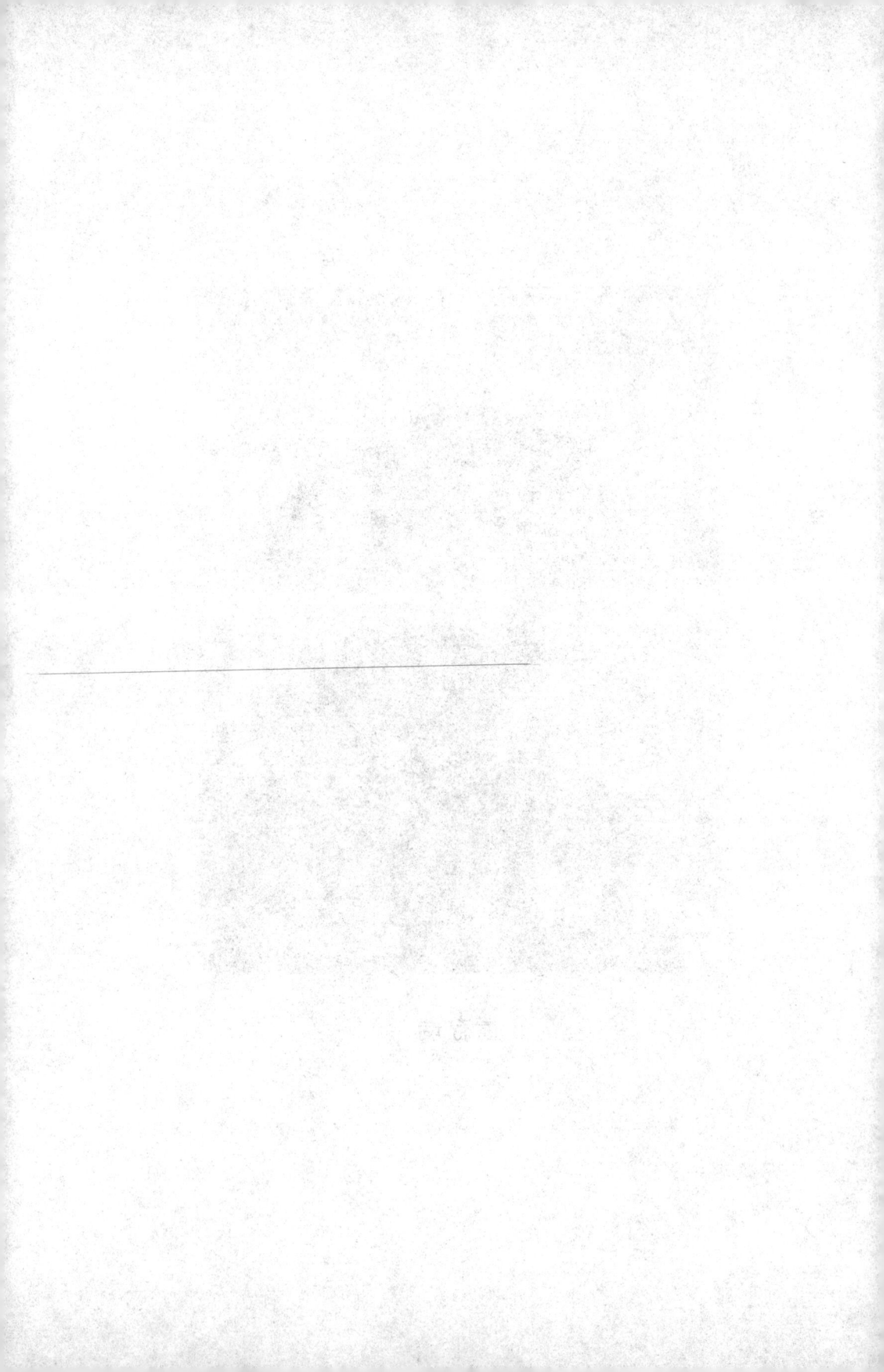

董存瑞——冲锋在前，舍身炸碉堡

☞ 英烈小传：

董存瑞（1929—1948 年），河北怀来人。1945 年春，参加抗日自卫队，7 月参加八路军。1947 年 3 月，加入中国共产党。1948 年 1 月，在延庆县大胜岭战斗中，他率领全班坚守青云顶阵地，在弹药用尽的情况下，打退了敌人的反扑。1948 年 5 月 25 日，在攻打隆化城的战斗中，舍身炸碉堡，英勇牺牲。

1948 年 5 月 25 日凌晨，攻打隆化城的总攻开始了。我军强大的炮火，瞬间摧毁了苔山顶峰的砖塔，敌人的炮楼也被打掉了。清晨 5 点，上级让董存瑞所在的六连担任主攻，从城东北向隆化中学外围工事运动。董存瑞带领爆破组连续爆破了敌人四个炮楼、五个碉堡，胜利地完成了扫清隆化中学外围工事的任务。下午 3 点，第二次总攻开始。六连向隆化中学发起冲锋。突然，敌人的机枪像暴雨般横扫过来，把战士们压在一条土坡下面，抬不起头来。原来，狡猾的敌人，在桥上修了一个十分隐蔽的暗堡，拦住了我军冲锋的道路。

这时，董存瑞向连长请战："让我冲上前去，把这个桥形暗堡炸掉！"但连长没同意，后来形势所迫，连长才命令董存瑞去炸碉堡。在枪林弹雨中，董存瑞和战友郅顺义相互配合，顶着敌人火力迅速向前运动。快要冲进开阔地时，董存瑞忽然看见一个小土堆，于是对郅顺义说："你快躲在那个小土堆后面掩护我。"说着，两人爬到土堆跟前，隐蔽着身子，观察着剩下的一段冲击道路。前面有一块开阔地，是敌人封锁最严密的地段。过去这一片开阔地就是干河套，冲到那里就是火力死角，敌人的机枪就无可奈何了。

"老郅，投弹掩护！"听到董存瑞的声音，郅顺义抓起身边拧开盖的手榴弹，一个接一个地奋力投出去，把敌人碉堡前的铁丝网炸得稀烂，董存瑞趁这个机会，一下子冲进了那片开阔地。敌人慌了，更加疯狂地向他射击。董存瑞沉着、机智，忽左忽右地爬着、滚着，可还是被子弹击中了左腿，但他依然顽强地前进着。他借着郅顺义手榴弹的烟雾，来了个疾速跃进，猛地一下跳进干河套里，几步蹿到桥形碉堡底下。

这时，郅顺义清楚地看见董存瑞抱着炸药包，想找个合适的地方放炸药。可是这桥离地面有一人多高，两旁是光滑的墙壁，炸药包放到高处没有地方搁。就在这时候，嘹亮的冲锋号响了，惊天动地的喊叫声响彻隆化城上空。这时，只见董存瑞抬头看了看桥顶，又扭头向前方望了一眼，略略愣了一霎，突然身子向左一靠，左手托起炸药包，贴住桥形碉堡，右手猛地一下拉开了导火线。"卧倒！快卧倒！"董存瑞严厉地对郅顺义喝道。他用尽全身的力量高喊出激动人心的最强音："为了新中国，冲啊！"随着天崩地裂般的一声巨响，团团浓烟冲上了天空，一股热浪翻腾而起。瞬时间，敌人的暗堡被炸毁，董存瑞用自己的生命为部队扫清了前进的障碍。

郅顺义流着热泪，从一班长手中拿过他给董存瑞送来的备用炸药包，一气冲到学校围墙根，"轰"地炸开了一个大口子，院里的敌人向他扔手榴弹，他不管三七二十一，拾起来就往回扔，在一连串的爆炸后，围墙附近就再没有声响了。接着，战士们踏着英雄的血迹，冲进了隆化中学，摧毁了核心工事，干净彻底地消灭了敌人。

人物心语

咱不怕死，只怕死得不够壮烈！

——董存瑞

刘胡兰

刘胡兰——怕死不当共产党，
走向铡刀献英魂

☞ **英烈小传：**

刘胡兰（1932—1947 年），女，别名富兰，山西文水人。八岁上村小学，十岁起参加儿童团。1945 年进中共妇女干部训练班，1946 年到山西省文水县云周西村做妇女工作，担任妇救会秘书，后为主任，并成为中共候补党员。1947 年，被阎锡山国民党军和地主武装抓捕，英勇就义，后被追认为正式党员。

1947 年 1 月 11 日，由于阎锡山匪军开始四处捕捉共产党，刘胡兰的处境变得十分危险，党组织向她下令，让她立即转移到西山。当天，上级已经派人来接应，但是刘胡兰想把手中的机密文件销毁，于是请求第二天走。

结果，等第二天一切收拾好的时候，阎军已经把整个村子包围了起来。没过多久，刘胡兰就被阎军带进了大庙里。在那里，阎匪军 72 师 215 团一营的特派员张全宝和匪军二连连长许得胜，开始对她进行审问。可问了几个问题，她都明显地不配合，弄得张全宝和许得胜口干舌燥，也没问出个什么来，反倒把自己气得够呛。

这时，许得胜挥着手中的皮带喊道："小丫头，别不识抬举，老子立马崩了你！"张全宝拉了他一把，换了一副腔调说："这样吧，一会儿大会上，你只要在众乡亲面前认个错，说你参加共产党是受骗的就行了。"刘胡兰听了，马上"呸"了一声。这下，张全宝怒了，对匪兵一

⚠️

挥手说："给我带出去！"

来到庙前的广场之后，刘胡兰看见同村的石三槐、石六儿、陈树荣等六人被五花大绑着，周围的人愤怒地注视着这帮杀人不见血的狗子军。这时，张全宝声嘶力竭地喊道："谁要同共产党员一条心，就乱棍打死！"说完，就命令匪军："抬家伙。"几个匪兵抬上来三口铡刀。敌人先把石三槐带上来，石三槐昂然走出，大声说道："乡亲们，我知道是谁出卖了我们……"这时，叛徒石五则害怕他的名字被说出来，举起大木棒打在石三槐的后脑上，石三槐被打倒，抬到了铡床上。鲜血喷洒在洁白的雪地上。接着，石六儿、陈树荣、石世辉、张年成和刘树山也被敌人残酷地杀害了。

这时，张全宝猛然推了刘胡兰一把，说道："现在轮到你了！你是要死还是要活？两条路由你挑！"刘胡兰没有理睬他，仍然望着群众，好像在说："乡亲们，永别了！"张全宝接着又用央求的口气，在刘胡兰耳边小声地说："你不用多说什么，一句话就行，只要你说一句话，哪怕就说'我从今以后，再不当共产党了'，就这么一句，就算你没事了。我马上放你，你就可以回家了！"

刘胡兰用鄙夷的目光扫了张全宝一眼，她早已看穿了敌人的阴谋，他们企图用血腥的屠杀，使共产党员在广大群众面前屈服。为了保持一个共产党员高尚的革命气节，给敌人以打击，刘胡兰早已把生死置之脑后。她从容地走向了铡刀。就这样，这个年轻的农村姑娘，这个普通的共产党员，用自己的宝贵生命，挫败了敌人的阴谋诡计，保全了地下党组织。

人物心语

不怕流血，不怕牺牲，困难面前不低头，敌人面前不屈服，为共产主义奋斗终身。

——刘胡兰